성공한 남자는 모두 비정했었다

Only A Man of Iron Wins a Victory

성공한
남자는
>모두<
비정
했었다

쓰게 이쓰카 지음
채숙향 옮김

[성공]
일, 계획 등이 잘 풀리는 것. 목적을 달성하는 것. 상당한 지위나 재산을 얻는 것.

'도그 이어(Dog year)'는 인간의 7년이 개의 1년에 해당한다는 의미로, 빠르게 진화하는 IT업계 기술을 비유하는 말로 사용되고 있다. '10년이면 강산도 변한다'는 말은 그야말로 옛말이 되고 말았다.

2005년에 『성공하는 남자는 모두 비정했었다』의 초판을 발매하고 어느새 14년이 흘렀다. 14년이라고 한마디로 정리했지만, 오늘날 숨 가쁘게 변화하는 세계정세는 '도그 이어' 정도의 소동에 비할 바가 아니다.

'성공하는 남자'에도 변화가 생겼다. 무엇보다 다른 사람을 밀어내면서까지 정점에 올라서려는 기개 있는 남자들이 줄어들었다. 이는 비즈니스 세계의 구조에도 영향을 미쳤는데, 무엇보다 '법령 준 수(컴플라이언스)'의 중요성이 부각되고 있는 게 현실이다. 비난이나 클레임에 민감해지면서 단 한 사람의 투서로 대규모 이벤트가 중지되는 사태 같은 일들이 벌어지고 있는 것이다.

또 하나, 숨 가쁘게 변한 것이 바로 '정(情)'의 존재 양식이다. SNS 등을 통한 즉각적인 소통이 가능하게 되자 사람들이 서로의 눈을 보고 대화하는 일이 줄어들었다. 이렇게 전화 통화조차 어색해하는 이들이 늘어나면서 목소리로 상대방의 '뉘앙스'를 알 기회가 사라지고 있다. SNS를 통해 자기를 주장하는 사람은 늘었지만, 그만큼 타인에게 무관심한 사람도 늘었다.

지금까지 일상적으로 주고받던 '정'이 사라지고, 인터넷상에서는 '무관심'과 '지나친 간섭'이 횡행하게 되었다.

실제로 길에서 사람이 넘어져도 못 본 척하는 이들이 늘었다. 왜 못 본 척을 하는지 물어보면 '상대방이 달가워하지 않을까봐'라고 한다. 전철에는 앞에 앉은 사람이 내리려고 일어서는데도 자기 자리에 서서 꼼짝하지 않는 사람들이 늘었다. 아주 살짝만 비켜주면 좋을 텐데 말이다.

타인에 대한 '무관용'과 '비정함'이 일상이 되기 시작한 것이다.

14년 전 강한 남자들에게 매료된 나는 그들이 가진 '비정'에 대해 배우며, '비정'하다고 불리는 남자들의 성공에 대해 글을 썼다. 나를 매료시킨 남자들과 함께하며 그들에게서 배운 '비정'에 대한 내용을 『성공하는 남자는 모두 비정했었다』로 쓴 것이다. 이 책은 단행본으로 4쇄, 2년 후에 문고본으로 나와 15쇄를 찍으면서 누계 20만 부의 베스트셀러가 되었고, 어느새 나도 '성공한 사람'으로 불리게 되었다.

그렇기 때문에 나는 느끼고 있다. 내가 쭉 지켜봐 온 남자들의 '비정'과 지금 횡행하는 '비정'은 일견 비슷해 보이지만 전혀 다르다는 것을. 당시 그들에게는 넘치는 생각과 '정'이 있었다. 그래서 '비정'하다는 것이 어떤 의미에서 생명을 얻어 효과를 낼 수 있었다. 그러나 지금 횡행하는 것은 내가 아는 '비정'과 다르다. 말하자면 '무정(無情)'이다. 거기에 '정'은 처음부터 없다.

14년이 흘러 개정판을 내는 의미에 대해 생각한다. 나는 진정으로 '비정'한 남자를 다시 한 번 만나고 싶다.

'성공'의 '공(功)'은 '뛰어난 활동, 훌륭한 일' 외에도 '경험이나 노력의 축적에서 나오는 효과'라는 의미가 있다.

이제 당신은 14년 전 내가 '성공'한 남자들에게서 얻은 '비정의 법칙'을 아낌없이 풀어낸 판도라의 상자를 열어볼 것이다. 지금 이 시대에 진정한 '성공'을 원하는 당신에게 이 책을 보낸다.

2019년 1월, 쓰게 이쓰카

[비정(非情)]

인간으로서 당연히 있어야 할 희로애락의 정이 없는 것.
특히 측은지심이나 배려의 정이 없는 것. 차가운 것. 또, 그런 모습이나 그런 것.

– 쇼가쿠칸(小学館) 『일본국어대사전』 제2판에서 –

옛날부터 나는 강한 남자를 좋아했다. 강자의 논리에 강하게 끌렸다.

"지금부터는 녹음하지 않았으면 좋겠군."

어느 날 인터뷰 도중, 경영자가 목소리를 낮추며 이야기했다.

"알겠습니다. 그만하죠."

나는 눈앞에서 카세트 녹음기를 껐다. 그러자 안심한 얼굴로 경영자가 다시 이야기를 시작했다.

"실은 말이지, 지금까지 했던 말들은 그럴듯한 것뿐이야. 사실은 그런 게 아니라 우리끼리 하는 이야긴데……."

내가 몸을 앞으로 내밀자, 대성공을 거두고 있는 경영자는 조금 전보다 훨씬 더 열성적으로 이야기를 시작했다.

당시 아직 어린 여자애에 불과했던 나로서는 머리가 어지러울 만큼 모르는 내용뿐이었지만, 그가 털어놓은 이야기들에는 '인생의 힌트'들이 들어 있었다. 그리고 나이를 먹어감에 따라 나는 차츰 그 의미를 알게 되었다.

그때 그는 나에게 '제왕학(帝王學)'의 뒷이야기를 들려줬던 것이다. 그것은 지금까지 읽은 어느 성공 철학서에도 쓰여 있지 않은 것이었다. 다른 남자(경쟁자)들 앞에서는 결코 말하고 싶지 않은, 아니 말할 수 없는 이야기. 곁에 있는 어리숙한 여자아이에게나 할 것 같은 이야기…… 당시 나는 아직 20대였다. 그러나 그들 덕에 나는 빨리 어른이 될 수 있었다.

여기 20권의 빛바랜 노트가 있다.

20대 중반, 나는 각계의 유력인사 30여 명과 인터뷰할 기회를 가질 수 있었고, 그때의 기록을 상세히 노트에 담았다. 노트에는 그들이 무명인에서 유명인이 돼 가는 드라마틱한 과정이 빼곡히 적혀 있다. 다시 읽어 보니, 노트 안에는 성공의 법칙 같은 것이 숨어 있는 느낌이다.

내가 매스컴에 관련된 세계에 발을 들여놓은 것은 불과 열여섯 살의 어느 봄이었다. 그 후 20년 이상의 세월이 흘렀다. 나는 나고 자란 도쿄(東京)에서 스무 살 전에 숙모가 사는 미국 뉴욕으로 건너가 잠시 살다가 전 세계로 취재와 여행을 다니며 다수의 성공한 사람들을 만났다. 사무실에서, 레스토랑에서, 바에서, '별'들은 열성적으로 자신의 이야기를 털어놓았다.

나는 '별'과 일하고, '별'과 이야기하고, '별'과 놀고, 더러는 '별'과 함께 살고, 그리고 헤어졌다. 지금도 다수의 '별'들이 내게 적절한 충고를 건넨다. 어찌 된 일인지 그들은 나와 만날 때는 모두 '비정'한 부분을 잠시 내려놓기 때문에 항상 감사한 마음이다. 그건 어쩌다 있는 전사의 휴식일까, 아니면 본인들과 내가 이해관계가 없기 때문일까. 그러던 어느 날 '별'들이 내게 이야기했다.

"그 점에 착안해서 책을 써보면 어때? 성공한 사람의 고독이나 고고함을 여성인 자네가 쓰면 재밌을 것 같아."

그렇게 이 책이 만들어졌다.

이 책에 소개되고 있는 승자가 누구인지는 중요하지 않다. 중요한 것은 승자가 무엇을 이야기했는지이다. 인간의 욕망은 예나 지금이나 별 차이가 없다. 구조 조정을 당한 인간은 구조 조정을 한 사람의 생각을 알고 싶을 것이다.

내가 연 판도라의 상자에는 무엇이 들어 있을까? 당신이 지향하는 '성공'의 앞에는 도대체 무엇이 있는 걸까? 진정으로 '성공한 사람', '행복한 사람'이 되고 싶은 당신에게 이 책을 보낸다.

2005년 4월, 쓰게 이쓰카

① 성공하는 남자만이 '비정'을 알 수 있다

성공하는 남자는 '배제'를 두려워하지 않는다

성공하는 남자는 '고독'을 무기로 삼는다

성공하는 남자는 '꿈'을 추구하지 않는다

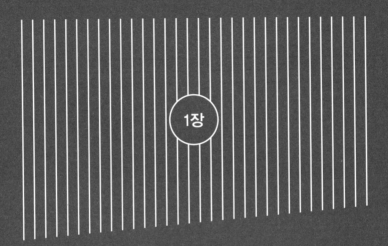

1장

성공하는 남자만이 '비정'을 알 수 있다

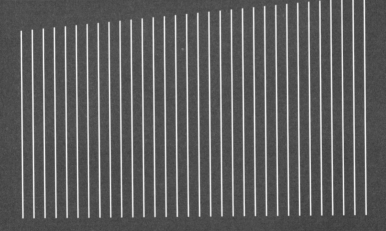

'평범함'에 이별을 고하고
출세하라

"성공은 최고의 데오드란트(Deodorant)다."

이 말은 왕년의 명배우 엘리자베스 테일러가 한 말이다. 내가 마지막으로 그녀를 TV에서 봤을 때, 그녀는 분명히 마이클 잭슨과 함께였다. 그녀를 볼 때마다 나는 그녀의 아름다움에는 내면의 강인함이 반영되어 있다고 느꼈다.

그녀는 아역 시절부터 미모와 재능을 인정받아 사상 처음으로 1억 엔이 넘는 영화 출연료를 받는 여배우가 되었다. 그러나 화려한 삶과 달리 여덟 번의 결혼과 극심한 투병생활이 이어졌다. '20세기의 클레오파트라'로 칭송받은 미모에 걸맞은 드라마틱한 인생을 보낸 것이다. 그녀는 50대에 들어서면서 고독과 허무함에 시달렸고,

과식으로 인해 체중이 오르내리기를 반복했다. 그녀에게 있어 데오드란트의 의미는 '소취(消臭)'일지도 모른다. 즉, 성공으로 가십의 악취를 없앨 수 있다고 말하고 싶은 걸까?

"나는 폼을 재거나 유행을 좇는 인간이 아니다. 나는 어느 누구와도 다른 인간이다."

이렇게 단언한 이는 영화 〈타이타닉〉에서 부동의 인기를 얻은 배우 레오나르도 디카프리오다. 그러나 〈타이타닉〉의 엄청난 성공 탓에 '잭' 역의 색깔이 지나치게 강해지면서 그는 '그 이상은 해낼 수 없을 것'이라는 말을 들어야 했지만, 배우 휴식 선언을 거쳐 지금은 어떤 역할도 해내는 배우로 활약하고 있다.

"예술과 관련된 것은 모두 근육과 마찬가지야. 마치 운동선수처럼 하지 않으면 자신감을 잃게 돼."

〈해리 포터〉 시리즈에서 주인공 해리 포터를 연기하여 세계적인 인기를 얻은 배우 다니엘 래드 클리프의 말이다. 그는 너무나도 격렬한 통증으로 인해 '자살 두통'이라 불리는 '군발성 두통'에 시달려야 했다. 이로 인해 진통제 12정을 한 번에 복용했던 적도 있다고 한다. 지나치게 유명해진 대가였을까, 그는 알코올 중독에 빠지기도 했다. 아시다시피 일본에서도 지나치게 잘나갔던 아역은 성인 연기자로 성공하기가 어렵다.

그러나 레오나르도 디카프리오와 마찬가지로 해리 포터 역의 이미지를 떨치지 못해 고생한 다니엘 래드클리프는 영화 〈킬 유어 달링〉에서 동성애에 흔들리는 시인 앨런 긴스버그를 연기하고 연극 무대에서는 전라 연기에 도전하고 있다.

이처럼 성공하는 사람은 호평 받는 역할만을 원하지 않는다.

내가 아는 어느 가수의 이야기이다. 무명의 시기를 거쳐, 지금은 대규모 홀에서 콘서트를 열 정도로 성공한 그녀는 콘서트를 마치고 대기실로 돌아와 테이블 위에 놓인 100장 이상의 사인지를 보고 진저리가 났다고 한다.

"밑바닥 시절에는 누군가 내민 한 장 두 장의 색지에 사인을 하는 게 그렇게 기뻤는데 말이야."

> "세상은 흑백만 있는 게 아니야. 적과 아군만 있는 것도 아니지. 그 사이에 있는 중간 지대, 회색 지대가 제일 넓어. 진리는 항상 '중간'에 있지."
>
> ─『천재(天才)』, 이시하라 신타로

54세의 나이로 당시 전후 최연소 총리대신이 된 다나카 가쿠에이(田中角栄)의 최종 학력은 초등학교 졸업이었다. 그러나 그는 사람의 마음을 장악하는 언변과 돈의 힘으로 정치의 정점까지 올랐다. 물론 록히드 사건으로 체포되어 정계에서 모습을 감추고 말았지만.

나는 가쿠에이의 아들인 다나카 교(田中京) 씨가 운영했던 바 '얼스 코트(Earl's Court)'의 손님이었다. 소니 시절 동료가 교 씨를 소개해주었는데, 어느 날 그가 나에게 "2018년 올해에는 아버지 탄생 100주년을 기념하는 파티가 있습니다"라고 알려주었다.

성공한 사람은 하나같이 고독하다. 그러면 성공하기 전에는 어땠을까? 역시 고독했던 경우가 많다. 엘리자베스 테일러는 "일이 너무 바빠 어린 시절은 없었다"고 말할 정도였다. 레오나르도 디카프리오는 열 살이라는 어린 나이부터 오디션을 보고 연이어 불합격했다. 다니엘 래드 클리프는 어린 시절 '발달성 협조운동장애' 때문에 학교생활에 적응하지 못했고, 학교 외에 마음 둘 곳을 찾다가 연기의 세계에 들어왔다. 다나카 가쿠에이는 부모가 사업에 실패하면서 어쩔 수 없이 극빈 생활을 해야만 했다.

성공한 사람은 부와 영광을 손에 넣는 대신, 평범한 생활과 멀어지게 된다. 평범한 사람은 여덟 번이나 결혼하고, 무대에서 알몸이 되고, 하루에 400명이나 되는 사람을 만나서 이야기를 듣는 일이 없다.

나 역시 엘리자베스 테일러 정도는 아니지만 수차례 결혼을 했다. 양친은 이혼했고, 어머니와는 절연했다. 16세에 매스컴 관련 일을 시작하고, 18세에 집을 나와 숙모 곁으로 도미(渡美)를 했다. 이처럼 파란만장한 인생을 살고 있는지라 성공한 사람의 비애를 이해할 수 있다.

성공한 인간에게는 '막연한 불안'이 떠나지 않는다. 성공했기 때문에 누구와도 내면의 고민을 의논하기 힘들다. 그렇기에 오히려 그나마 친숙한 집안사람들에게 쉽게 배신당하기도 한다. 쉽게 '종교'나 '점'에 빠질 때가 많은 것도 이 때문이다(냉정한 나는 빠져들지 않지만). 가령 점이 한 번 맞으면, 자기를 이끌어줄 '점술사'를 만나기 위해 끝없는 '멘토' 찾기를 시작하는 것이다.

이처럼 성공한다는 것은 '평범함'에 이별을 고하는 것이다. 모든 것은 거기서부터 시작된다.

"성공하기 위해 '평범함'과 결별하라."

능력 있는 남자는
살기를 드러내지 않고 상대를 죽일 수 있다

"다른 사람이 모르게 하는 데 능숙한 이를 죠닌(上忍)이라고 한다. 소리도 없고, 냄새도 없고, 지명(知名)도 없고, 용명(勇名)도 없으니, 그 공력은 천지조화와 같다."

– 『만센슈카이(万川集海)』

'죠닌'이란 일류 닌자(忍者)를 가리키는 말이다. 원래 '시노비(しのび)'나 '구사(草)'로 불리던 닌자는 적진에 뛰어들어 정보 수집이나 정보 교란을 하는 것이 주요 임무였다. 요란한 전투를 벌이는 일은 별로 없었다.

"내 뒤에 서지 마."

이것은 '고르고13(1968년 11월 만화잡지 〈빅 코믹〉에서 연재를 시작해 2019년 현재까지도 연재 중인 일본의 성인극화. 초 A급 스나이퍼 테러리스트 고르고13을 그린 작품으로 폭발적인 인기를 얻었다 –옮긴이)'이 한 말인데, 능력 있는 남자는 확실히 기척에 민감하다.

사냥을 하는 자가 바람의 방향과 냄새에 민감하듯이, 낚시를 하는 자가 바닷새와 조수의 색깔에 민감하듯이, 성공하는 남자는 주위에 민감하다. 특히 자신의 기척을 상대방이 느끼지 못하게 하는 데 능숙하다. "들어오자마자 알았습니다. 역시 아우라가 다르네요"라는 말을 듣고 흡족해 한다면, 그 연예인은 아직 갈 길이 멀었다고 할 수 있다.

실제로 거물이 되면 아우라도 자유자재로 조종할 수 있다. 그들은 평소에는 감추고 있고 내색도 하지 않지만, 본 무대에서는 엄청난 아우라를 활짝 펼친다.

"평소에도 아우라를 발산하면 지쳐버려."

어떤 역이든 자기 것으로 소화하는 한 배우가 내게 이렇게 말한 적이 있다. 그는 "평소에도 아우라를 내뿜고 있으면 사생활이 없어져"라고 했다.

〈언더커버 보스〉라는 미국 버라이어티 프로그램이 있다. 사장이 자기 회사에 잠입해 자사의 모습을 자세히 들여다보는 이색적인 프로그램이다. 그런데 기척을 숨기는 솜씨가 얼마나 좋으냐에 따라 "사장이다!"라고 종업원에게 들키는 사람이 있는가 하면, 종업원에 게서 "당신 못 쓰겠네"라는 말을 듣기도 한다.

자신의 기척을 없애고 상대의 뒤에 선다면, 상대의 모든 것을 알 수 있다. 자고 있는 사람의 목을 벨 수도 있는 것이다.

"기척을 자유자재로 조종하라."

인기 있는 남자는
상대가 무엇을 원하는지 안다

수많은 염문을 뿌리며 젊은 아내를 얻은 소문난 한 플레이보이에 따르면, 여성과 있을 때는 듣는 역할에 충실하면서 세 가지 말만 하면 된다고 한다.

"에이 거짓말이지?"

"정말?"

"말도 안 돼!"

이 세 가지면 충분하다는 것이다. 요컨대 자기 이야기를 하는 남자는 당치 않다는 것이다.

그는 또 '데이트'는 내가 하는 것이 아니라, 여성을 '에스코트'하는 것이라고 강조한다. 대개 여자들은 항상 인정받고 싶고, 칭찬받고 싶고, 한 사람의 인격체로 정중하게 취급받고 싶기 때문이다. 여자라는 성(性)만 부각되면 여자는 불안해진다.

"결국 몸을 노린 거잖아!"

이렇게 되면 마음은커녕 몸조차 만회할 수 없게 되는 것이다.

무조건 돌진하는 게 밑천인 남자들은 흉내 내기 힘들겠지만, 여자의 생리를 이해할 수 있다면 인기를 얻는 것은 쉽다는 뜻이다. 결국 그저 인기가 있었으면 좋겠다고 바라기만 해서는 여자를 자기 것으로 만들 수 없다.

여자를 시키는 것도 비즈니스와 다르지 않다. 회사를 경영할 때와 마찬가지로 여성에게 다가가야 한다. 상대가 무엇을 원하고, 그것을 어떻게 줄 수 있고, 그 후 자기가 원하는 것을 어떻게 회수할 수 있는가를 생각하는 사람이 능력 있는 남자다.

물론 무작정 마음만으로 시작되는 사랑도 있다. 그러나 성공을 원하는 사람에게 그 리스크는 헤아릴 수 없이 크다는 사실을 알아 두어야 한다.

"상대가 원하는 것을 파악하라."

진짜 무서운 남자는
미소가 끊이지 않는다

그 사람은 마음씨 좋은 남편 역할부터 못된 상사 역할까지 폭넓은 연기를 소화하는 배우였다. 연기를 하지 않을 때의 그는 부드러운 말투로 재밌게 이야기하고, 가족을 소중히 여기는, 동화 속에나 나올 법한 '좋은 사람'이었다.

어느 영화관에서 그의 토크쇼가 열렸다. 어떻게 어렸을 때부터 영화를 접하게 되었는지, 어떻게 영화와 함께 성장해 왔는지를 관객들에게 자세히 이야기하던 그가 미소를 띤 채 이렇게 말했다.

"저는 영화가 없었다면 사람을 죽였을지도 몰라요."

요컨대 영화가 있었기 때문에 삐뚤어지지 않고 살아올 수 있었다는 말이었지만, 나는 그가 품고 있는 비정함을 엿본 기분이었다.

실제로 뛰어난 아티스트 중에는 종이 한 장 차이로 제정신과 광기 사이를 오가며 살아가는 이들이 많다.

흔히 '눈이 웃지 않는다'는 말이 있는데, 비정하게 행동할 수 있는 남자 중에 그런 타입이 많다. 물론 평범한 일반인들은 이성보다는 감정을 우선시하는 경우가 많고, 이런 감정이 얼굴과 눈에도 선명히 나타난다. 예를 들어 남녀의 이별 이야기나 일적인 판단에서도 상대방이 감정적이라는 생각이 들면, 대부분의 사람들은 바로 태도를 바꾼다. 감정에는 감정으로 대응하게 되는 것이다.

그러나 비정한 남자는 결코 감정을 우선시하지 않는다. 아무리 머릿속이 복잡해도 눈앞의 일을 냉정하게 응시한다. 그리고 예리하게 판단한다. 상대방이 빌붙게 하지 않는다. 이런 사람의 미소에 속으면 안 된다.

"감정에 동요되지 않는 남자는 두려운 존재다."

일류는 처음 만났을 때
바로 상대방의 장점을 파악한다

당신은 순식간에 상대방의 본질을 파악할 수 있는가?

나는 직업상 인터뷰를 통해 처음 만나는 사람과 이야기할 기회가 많다. 이렇게 한정된 시간 속에서 인터뷰를 하면, 어떻게 그 사람만의 에피소드를 이끌어내는지가 승부의 관건이 된다. "오늘 대화 대단히 즐거웠습니다. 언제든지 또 놀러오세요"라고 관계가 발전해 상대가 즐거워할 때는 나 역시 무척 기쁘다. 그런데 지금은 내가 작가가 되어 인터뷰를 받는 입장이 됐으니 인생이란 참 아이러니하다.

그래서 나는 예비 조사를 해 오지 않는 인터뷰어는 인정하지 않는다. 반대로 "어떻게 거기까지 알고 계세요?"라고 할 만큼 만반의 준비를 해 온 상대에게는, 설사 심술궂은 질문을 받아도 아낌없이 이야기를 풀어낸다. 사람의 관계란 그런 것이다.

녹음기를 가져와 녹음을 하는 사람, 메모를 하는 사람 등 인터뷰의 형태는 다양한데, 내가 아는 저널리스트 중에는 일절 메모를 하지 않아도 글을 쓸 때 대화를 그대로 떠올리는 사람이 있다. 이렇게 메모를 안 해도 되면 취재 상대와 시선을 맞추며 이야기하는 장점이 있다. 표정을 읽음으로써 상대방의 진의를 파악할 수 있기 때문이다. 이는 글을 쓰는 데 있어 무척 중요한 능력이기도 하다. 반대로 지나치게 메모에 빠져 있으면 시선이 노트에만 쏠려 취재 상대의 표정 변화를 읽어낼 수 없다.

처음 만난 사람과 한 시간가량 얼굴을 맞대면서 표정 변화를 통해 무언가를 읽어내는 행위는 상당한 공부가 되어 있지 않으면 불가능하다. 무엇보다 상대의 속임수나 거짓말을 간파하려면 사물의 진실과 본질을 알아야 한다.

저널리스트 히가키 다카시(日垣隆) 씨는 인터뷰 전날까지 상대방의 저서를 전부 읽는다고 알려져 있다. 최근 나온 책을 한 권 읽는 게 아니라 저서를 전부 읽는 것이다. 수년 동안 매달 100권이나 되는 책을 읽고 있다고 하니 이런 일이 가능할 것이다.

글을 쓰는 직업이 아니라도 '사람을 꿰뚫어본다'는 것은 가장 중요한 일 중 하나이다. 여기에 모든 게 걸려 있다고 해도 과언이 아니다.

작가로 데뷔한 지 얼마 되지 않아 CF 제작사의 사장을 소개받았을 때였다. 왜 나를 뽑았냐고 물었더니 "돈 냄새가 나서"라는 시원하고 솔직한 대답을 들을 수 있었다. 그런데 신기하게도 전혀 불쾌하지 않았다. 달콤한 말로 다가오는 수상한 사람보다는('친구잖아요' 라니, 웃기고 있네!) 이런 남자가 훨씬 더 믿을 수 있을 것 같았다. 요컨대 기회가 보이고 돈 냄새가 날 동안에는 딱 달라붙어 있겠다는 뜻인데, 그게 더 솔직해 보였던 것이다.

생각해 보면 사람은 '누군가를 만날 때', 무의식적으로 '나에게 어떤 이득을 가져다줄까?'를 생각한다. 소중한 시간을 할애하면서까지 만날 만한 인물인지를 생각한다. 비즈니스의 경우에는 특히 더 그렇다. 누군가에게 시간을 할애하는 경우, 기본적으로는 서로 이득을 나눌 수 있는 관계를 전제로 하는 것이다.

그래서 나는 친해지면 반드시 "왜 저를 만나주셨나요?"라고 묻는다. 그때 모호한 태도로 대답하는 사람보다 오히려 "돈 냄새가 나서"라든가 "좋아하니까"라고 솔직하게 말하는 사람을 좋아한다.

또 나는 종종 이런 질문을 받는다.

"저 사람과 어디서 알게 됐나요?"

우리는 사람과 사람이 어디서 만나게 되었는가를 중요시하기 때문이다. 이와 관련해 "그 사람의 사회적 지위를 알기 위해서는 누구의 소개를 받았는가가 중요해"라고 말한 선배가 있었다. 실제로 사업을 시작할 때, 투자를 할 때, 언제 어디서든 상대방의 진의를 파악하지 않으면 큰 실패를 겪게 된다.

"인간이 거짓말을 할 확률은 약 10퍼센트라고 한다. 즉, 다른 사람과 이야기할 때 열 명 중에 한 명은 거짓말을 하고 있다고 생각해야 한다. 모든 것을 그대로 받아들이면 판단을 그르칠 수 있다."

이는 나를 데뷔 당시부터 응원해주고, 라디오 프로그램 〈세태 핫라인, 네! 다케무라 겐이치(竹村健一)입니다〉에도 불러준 다케무라 겐이치 씨의 말이다.

사람을 꿰뚫어보는 초특급 안목을 가진 해결사에게 들은 다음과 같은 말도 있다.

"턱시도를 입어도 웨이터로밖에 보이지 않는 남자는 성공 못해. 서른이 넘었는데도 바느질이 잘 된 양복을 입은 적이 없는 남자도 못 쓰는 법이야."

우리는 사람을 꿰뚫어보기도 하고, 또 누군가가 우리를 꿰뚫어보기도 한다. 나 역시도 종종 시험받는 입장에 놓인다. 따라서 안목을 기르고, 안목이 있는 사람과 교제하는 것이 중요하다.

"상대방의 본질을 순식간에 꿰뚫어보는 눈을 길러라."

승부사는 '지면 빈털터리가 된다'는 것을 알고 있다

돈이 돈을 부른다.

에노시마(江ノ島) 바닷가에서 도시락을 먹으려는 순간, 하늘에서 솔개가 날아와 도시락을 낚아채 도망간 적이 있다. 그야말로 '솔개에게 유부(자기가 소중히 여겼던 것이나 손에 넣을 수 있다고 믿었던 것을 갑자기 옆에서 채가는 것. 또는 뺏기고 망연자실한 모습을 의미하는 고사 성어 -옮긴이)'였다. 그때 "아, 일은 이런 식으로 잡는 거구나"라는 생각이 들었다.

프로야구 선수인 스즈키 이치로의 엄청난 팬인 나는 TV를 볼 때마다 감탄을 터뜨린다. 출루한 이치로가 요령 있게 홈베이스까지 훔치는 모습을 보고 있으면 '돈은 저렇게 버는 것이구나!'라는 생각까지 든다.

자기가 융통할 수 있는 돈이 얼마인지 알았다면, 그 다음에는 목표를 세워야 한다. 다이어트든 어학이든, 정확한 목표를 세우는 것이 좋다. 매일매일 얼마나 진척되었는지 확인하며 주위로부터 격려를 받는 것도 좋다. "2킬로그램 빠졌어.", "CNN을 이해했어" 같은 작은 기쁨이 있어야 계속할 수 있는 법이다.

또한 효과적으로 결과를 내려면 초점을 좁히는 것이 중요하다! 목표를 정하면 이를 달성하는 데 방해가 되는 것은 지체 없이 없애 버려야 한다. 그렇다. '비정한 결단'을 내려야 한다.

직장인의 경우에는 보통 수입이 한 곳밖에 없고, 월급도 일정한 경우가 대부분이다. 따라서 절약만으로 돈을 불리기에는 한계가 있다. 그럼 직장인이 돈을 불리기 위해서는 어떻게 해야 좋을까? 나는 하지 않지만, 가상화폐나 주식을 구입해 매일매일 주가를 체크하는 습관을 들임으로써 금전 감각을 단련하는 것도 나쁘지 않은 선택이다. 단, 그것들로 돈을 버는 것은 소위 불로소득이라는 사실을 명심해야 한다. 경마장에 가는 것과 본질적으로 다르지 않다는 뜻이다. 그러면 설사 손해를 입어도 "운이 없었어"라며 스스로 뻔뻔하게 나올 수 있게 된다. 따라서 결국 제대로 기지를 발휘해서 돈을 버는 편이 가장 낫다.

힌트는 당신 안에 있다! '내가 잘하는 분야에서, 어떻게 하면 합법적으로 돈을 벌 수 있을까?'라는 고민이 성공으로 이어지는 최고의 지름길인 것이다.

이혼 후 수기(手記)를 내자는 제안이 쇄도했을 때 나는 "수기를 낼 생각이 전혀 없다"고 거절했는데, 그때 어느 거물 예능 프로덕션의 수장이 이렇게 말해주며 나를 응원했다.

"그래. 자네가 천박하다며 싫어하는 것도 일리가 있어. 수기나 뭔가를 폭로를 하는 책이 팔리는 건 그때뿐이거든. 정말 한순간의 일이지. 반대로 떠들지 않는 건 5억 엔 이상 벌 수 있는 인생 경험이란 말이야."

그리고 헤어질 때 마지막으로 "하지만 말이지. 돈을 거북해 하면 안 돼. 그렇게 하면 돈이 도망가!"라고도 조언해 주셨다. 정말 인상적인 말이었다.

'성공한 사람'은 승리의 미주(美酒)를 마신 적이 있다. 승리의 미주는 달다. 우리는 이 술을 마셔야 한다. 성공한 사람들은 승부에서 지면 어떻게 될지 잘 알고 있다. '알겠니, 아가? 지면 빈털터리가 되는 거야.'(아사다 데쓰야(阿佐田哲也)『마작방랑기(麻雀放浪記)』중에서)라는 사실을 사무치도록 잘 알고 있는 것이다.

"돈을 거북해 하지 마라. 거북해 하면 돈은 도망간다."

성공한 사람은 '은혜'를 베풀고자 하며, '배신'을 용서하지 않는다

성공하는 인간은 '빌려주고 빌리는 일'에 까다롭다. 특히 누군가에게 베푼 은혜가 있다면, 그 사실을 절대 잊지 않는다.

반대로 빚이 생기면 최대한 빠른 시일 안에 갚으려 노력한다. 빚이 생긴다는 것이 얼마나 불리한지 잘 알고 있기 때문이다. 그래서 성공하는 인간은 어떻게든 다른 사람에게 '은혜'를 베풀고자 고심한다.

내가 아는 한 성공한 사람은 하루에 100통 이상의 메일을 보낸다. 모든 메일에는 수신자에게 도움이 되는 귀중한 정보가 담겨 있다. 비즈니스 세계에서 정보만큼 고마운 건 없기 때문이다. 그런 점에서 '은혜'를 베풀면 자신의 승리라고 생각하는 것이다. '너는 누구 덕분에 잘 풀리고 있을까?'라고 상대방에게 무언의 압력을 가하는 것이다. 이런 점이 언제까지고 '눈에 보이지 않는 족쇄'가 되고, 결과적으로 상대방은 계속해서 약점이 잡혀 있는 상태가 되는 것이다. 즉, '은혜를 베풀어 둔다'는 것은 상대를 거느리는 것과 같은 효과를 발휘한다.

"나에게는 정보망과 인맥, 그리고 루트가 있으니까."

능력 있는 남자는 상대를 조용히 위협할 때 이런 식으로 표현한다. 정재계든 고위층이든 모두 마찬가지다. 누가 누구와 이어져 있는지 알 수 없다는 것을 슬쩍 비치며 위협하는 것이다. 나 역시 수차례 비슷한 대사를 들은 적이 있다. 정말 불쾌하기 그지없는 경험이었는데, 문제는 실제로 이런 말을 들으면 많은 사람들이 위축될 수밖에 없다는 것이다.

만약에 '은혜'를 베푼 상대가 자기를 배신하면 성공한 사람은 어떻게 할까? 이때는 철저하게 상대를 무너뜨린다. 성공한 사람으로 불리는 인간일수록 한번 욱하면 손을 쓸 수 없다는 것을 나는 잘 알고 있다. 이때는 '비정의 법칙'이라기보다 '격정의 법칙'이 작용하는 것이다.

어느 경영자는 자기가 키운 부하가 사표를 들고 오자 은혜를 원수로 갚느냐며 발끈하면서, 부하를 헤드 헌팅한 기업을 알아내 부하의 전직을 중지하라고 단호하게 경고했다. 심지어 관계 기관과 업계 네트워크를 통해 부하와 일을 하면 영업을 방해할 거라고 공공연히 협박을 할 정도였다.

나쁜 놈을 파문하는 발표, 또는 예능계의 팩스 한 장도 이와 비슷한 면이 있다. 가령 종이에 '이하의 자는 저희 사무소와 앞으로 일체 관계가 없습니다'라고 쓰여 있다면, 결국에는 횡적인 유대 관계에 의해 일이 들어오지 않게 된다. 물론 횡적인 관계든 종적인 관계든 큰 상관이 없는 지금의 네트워크 사회에서, 이런 협박이 어느 정도의 위력을 갖고 있을지는 성공한 당사자의 힘에 달려 있지만 말이다.

중요한 것은 보복과 답례를 반드시 해야 한다면, 될 수 있으면 서둘러야 한다는 것이다.

"성공한 사람일수록 욱하면 손을 쓸 수 없다는 걸 명심하라."

성공하는 남자는
'비겁'하면서도 '용감'하다

이 세상을 살아가다 보면 나쁜 짓을 전혀 안 했는데도 괴로움을 당하는 불합리한 상황이 발생할 때가 있다. 이 주제를 다루고 있는 것이 구약성서 속의 『욥기』다. 괴테는 이를 소재로 『파우스트』를 구상했고, 도스토예프스키는 『카라마조프 씨네 형제들』을 구상했다.

욥은 신을 믿었고, 나쁜 짓을 전혀 하지 않았으며, 올바른 생활을 하고 있음에도 갑자기 영문을 알 수 없는 재난을 겪는다.

왜 그렇게 되었을까? 사탄이 신에게 욥을 시험해 보라고 속삭였기 때문이다. 욥은 자기가 잘못한 게 없기 때문에 신이 언젠가 진실을 알고 도와줄 거라고 믿는다. 그러나 주변 사람들은 신의 불합리함에 분노하고 저주한다.

『욥기』의 욥은 신과 논쟁함으로써 후세에까지 그 이름을 남겼다. 이처럼 자기가 믿는 것을 위해 목숨을 버리는 것은 대단한 일이 아닐 수 없다. 하지만 그 때문에 재산을 잃고, 자식을 잃고, 혹독한 병을 앓으면서까지 자기 생각을 관철하는 것은 소설 속에만 있는 일이다.

성공하는 남자는 자기주장을 관철하기보다 현상을 어떻게 수습할 것인지를 제일 먼저 생각한다. 사탄의 비위를 맞추고, 신에게 사탄의 악행을 일러바칠 정도의 아슬아슬한 곡예를 해내지 않으면 살아갈 수 없는 것이 바로 현대라는 시대다.

'비겁'의 반대말은 '호방', '용감'이라고 한다. 상반되는 두 가지를 모두 갖추어야 비로소 성공하는 남자라고 할 수 있는 것이다.

"성공하는 남자는 '용감'하게 '비겁자'가 된다."

성공하는 남자는 남들이 만든 '굴레'에 얽매이지 않는다

"굴레에서 벗어나고 싶다"고 한탄하는 사람들이 있다. 주로 이런 표현은 인간관계가 꼬여 이에 구속당할 때 사용된다.

원래 '굴레'는 '얽매이다'라는 동사를 명사화한 것이다. 그리고 일본어 '얽매이다(しがらむ)'는 '책(柵)'이라는 한자어에서 파생된 '얽히게 하다, 착 달라붙게 하다, 휘감기게 하다'는 의미를 가지고 있다. 그것이 물의 흐름을 막기 위해 강 속에 말뚝을 세워 양쪽에 잡목이나 대나무 등을 얽은 것을 가리키게 된 것이다.

이렇게 강을 막는다는 의미에서, 사물을 막기도 하고 붙들기도 하는 것, 또 착 달라붙어 몸을 속박하거나 방해한다는 의미로 바뀐 것이리라.

그런데 남들이 준비한 '굴레'에 걸려 옴짝달싹못하게 되는 사람이 있는가 하면, 자기가 '굴레'를 만들어 누군가를 옴짝달싹못하게 만드는 사람도 있다.

전자가 되느냐 후자가 되느냐에 따라 입장은 크게 달라진다.

"남을 위한 '굴레'를 만들되, 남이 만든 '굴레'에 얽매이지 말라."

초능력자도 이기는 사람이
바로 성공한 사람이라는 이름의 '괴짜'다

"나는 세계가 새벽을 맞이했을 때부터 존재했고, 하늘에서 마
지막 별이 떨어질 때까지 존재할 것이다. 내가 바로 인류이고,
인간을 초월한 자이다. 따라서 나는 신이다."

— 칼리굴라, 로마 제3대 황제

미슐랭 가이드에 소개된 셰프와 바에서 한잔하고 있을 때였다.
일류 손님을 많이 상대해 온 그에게 이렇게 물은 적이 있다.

"초능력자와 성공한 사람이 승부하면 어느 쪽이 이길 것 같아?"

그러자 셰프가 당연하다는 듯이 대답했다.

"그야 성공한 사람이겠지."

"왜? 어째서?"

내가 묻자 그가 말했다.

"그야 비정하니까."

"그렇구나."

나는 수긍했다.

예전에 나는 어느 성공한 유명인이 눈물을 흘리는 모습을 옆에서 본 적이 있다. 영웅의 눈물…… 확실히 살짝 감동적이긴 했다. 하지만 한 가지 문제가 있었다. 왜 우는 건지, 그 이유를 전혀 알 수가 없었다. 궁금해서 물어보니 뭔가 자연의 섭리에 감격한 듯했는데, 여전히 이해할 수가 없었다. 결국 '이 사람에게도 수수께끼가 하나 있구나' 하는 인상을 받을 수밖에 없었다.

한번은 역시 성공한 사람이라고 할 수 있는 인물이 나의 향후 이미지 메이킹에 대해 제안을 한 적이 있었다. 그래서 어떻게 할 생각이냐고 물어보니 "긴자풍의 캐주얼한 분위기로 가자"는 것이었다. 긴자에서 캐주얼이라…… 어떤 분위기를 말하는 거지? 나로서는 전혀 알 수가 없었다.

이처럼 나는 지금까지 수많은 성공한 사람들을 만날 기회가 있었는데, 그들에게서 찾을 수 있는 공통점 중의 하나가 때때로 영문 모를 말을 한다는 것이었다. 그들은 평소와는 전혀 다른 차원에서 생각을 하고, 독자적인 감성을 갖고 있었다. "부조리 속에 성공의 열쇠가 있다"고 말한 것은 내가 신세를 진 중국무역상사의 사장이었다.

그러고 보면 '천재와 바보는 종이 한 장 차이'라는 말이 떠오른다. 예술의 세계에도 광기로 치달았던 사람 중에 성공한 사람이 많았다. 실제로 비즈니스 세계에도 파괴와 창조를 반복하며 "머리가 어떻게 된 거 아냐?"는 식의 일을 나름 진지하게 고민하는 최고 경영자가 많다.

예전에 미국의 대부호 하워드 휴즈는 부하의 옷부터 문의 손잡이, 그리고 선물로 받은 병까지 철저하게 소독하게 했다. 내가 아는 어느 성공한 사람도 걸을 때는 어느 쪽 발부터 걷는다고 바보처럼 규칙을 정해 걷는다.

이런 성공한 사람의 광기는 어쩐지 그림이 된다. 평범한 일반인이 하면 웃음거리밖에 안 되지만, 성공한 사람이 하면 전설이 된다. 영원히 사람들의 기억에 남는다.

게다가 엉망진창인 것 같지만 그 안에는 확실히 일관된 논리가 있다. 가령 어느 성공한 도박사는 운이 따르지 않을 때에 한해 몸에 고가의 물건을 걸치고 중요한 승부에 임한다. 승부에는 별 상관도 없고 무모해 보이지만, 이렇게 하면 상대방의 기가 죽는 경우도 있기 때문이라고 한다. 상대방의 심리를 뒤흔드는 효과가 있다는 것이다.

이처럼 성공한 사람은 여러 얼굴을 갖고 있다. 대단히 불성실하고, 엉망진창이고, 이례적인 모습도 있다. 그러나 본연의 모습에서는 반드시 성실함을 보여준다. 그렇게 되면 여자는 그 격차에 확 마음을 뺏기게 된다. 자신만만한 모습을 보이다가 갑자기 "어쩐지 쓸쓸하네"라고 중얼거리면서 자신의 고정된 이미지를 순식간에 뒤엎는 것이다. '나쁜 놈'일수록 만나면 '좋은 사람'이라거나, 또 사실은 그렇지 않았다는 식으로 말이다. 그런 이미지를 줄 수 있다면 사람의 마음을 움직일 수 있다.

이처럼 성공한 사람들은 마이너스를 플러스로 뒤엎고 사람을 움직이지만, 본성은 보여주지 않는다. 단지 적당히 이미지를 배반하면서 상대에게 놀라움과 자극을 주어 신선함을 유지한다. 자신에 대한 '오해'와 '착각'을 교묘하게 이용하는 것이다.

또 성공한 사람은 '자기 암시'의 힘이 뛰어나다. 여러 가지 얼굴과 버릇을 갖고 있어서 때와 장소에 따라 이를 나누어 사용할 줄 안다.

예전에 러시아가 '제국'으로 불리던 시절, 표트르 대제라는 '전대미문'의 황제가 있었다. 그는 유럽 선진국을 예방하면, 수행원의 눈을 피해 변장을 하고 혼자 밤거리를 배회했다고 한다. 종종 술집을 찾아가 요란하게 소동을 피웠는데, 이런 한심한 양반이 러시아에 돌아와서는 어떻게 했을 것 같은가?

선진국을 떠돌며 얻은 지식을 바탕으로 나라를 대대적으로 개조하기 시작했다. 그는 술이나 마시고 다닌 것 같지만, 사실은 군사시설을 살피거나 술을 마시러 온 군인에게 정보를 모으는 등 빈틈없이 첩보 활동을 하고 있었을지도 모른다. 러시아가 이웃나라 스웨덴을 무찌르고 세계적인 강대국으로 급부상한 것 또한 그의 업적이었다.

"이미지를 뒤엎어 상대방에게 놀라움과 자극을 주라."

침묵은 '금'이 아니다.
'무능'이다

　　일본인은 '유언실행(有言實行, 말하면 실제로 행하는 것)'에 서툴다. 대신 남자는 잠자코 있어야 한다거나, 말하지 않고 행동에 옮기는 것이 멋있다고 생각하기 때문이다. 그러나 큰돈을 버는 남자는 대개 '빅 마우스'라는 것을 아는가?

　　"1등이 되고 싶었죠. 넘버원이 되고 싶다는 둥 온리 원이 되고 싶다는 둥 속 편한 말을 늘어놓는 놈들을 제치고."

– 스즈키 이치로, 야구선수

　　"내 경험 중에 성공으로 끝나지 않은 경험은 없다. 시도한 것은 뭐든 성공시켰다."

– 코코 샤넬. 의상 디자이너

자기가 한 말을 동력으로 삼아 남들이 불가능하다고 한 것을 실현시키는 것이 성공하는 사람의 특징이라고 할 수 있다. 무엇보다 성공하는 인간의 '빅 마우스'는 재밌다. 그들은 도발만 하는 게 아니라 듣는 사람의 흥미를 이끌어낸다. 내가 만난 성공한 사람들도 미래의 계획이 어떻든 하나같이 재밌게 이야기를 했다.

기업을 경영하는 게 아니라 조직 안에서 출세하는 것도 좋다. 사람의 감정을 뒤흔드는 소설이나 영화를 세상에 내놓는 것도 좋고, 전대미문의 연구를 해서 노벨상을 받는 것도 좋다. 성공하기 위한 수단은 사람마다 제각각이다. 하지만 어떻게 하든 '재밌는 이야기'를 할 수 있는 능력이 반드시 필요하다. '침묵은 금'이 아니다. '침묵은 무능'인 것이다.

전 세계 어디든 사람은 열광하고 싶어 하고, 웃고 싶어 하고, 기뻐하고 싶어 한다. 모두 재밌는 이야기를 기다리고 있다. 그러니 진짜 성공하고 싶다면 당신이 이야기의 주인공이 되어 사람을 끌어들일 생각을 해야 한다. 그리고 당신의 미래에 승부를 걸어줄 사람에게 이야기하는 것이다. 단순한 친구가 아니라 힘이 있는 사람에게 통할, 그들의 흥미를 끌 법한 재밌는 이야기를 말이다.

또한 성공한 사람은 자기 마음에 든 젊은 사람에게 승부를 걸고 싶어 하는 법이다. 마치 룰렛을 하며 베팅하듯이 말이다. 이 젊은이에게, 이 이야기에, 한번 돈을 걸어볼까, 하는 생각을 하게 만들 수 있으면 된다.

"그런 이야기는 들어본 적이 없어. 애당초 무리잖아."

"잘도 그런 터무니없는 생각을 하는군, 두 손 들었네."

"자네는 무슨 생각으로 그런 말을 하는 건가?"

이런 반응을 상정하자. 상대방이 반론하면 상대방의 논리를 꺾을 게 아니라 일단 "그렇군요"라고 말하고, 다음과 같이 하나하나 반론할 수 있어야 한다.

"처음 듣는 게 당연합니다. 전 세계에서 아직 아무도 하지 않았으니까요. 하지만 반드시 대박을 터뜨릴 겁니다. 왜냐하면⋯⋯."

"터무니없다는 건 압니다. 하지만 3년 정도 지나면 주류가 돼 있을 겁니다. 왜냐하면⋯⋯."

"저는 이 분야가 앞으로 급성장할 것이라고 확신합니다. 왜냐하면⋯⋯."

그러면 상대는 다시 반론을 할 것이다. 그럼 이렇게 하면 된다, 이 사람을 데리고 가자, 이 자료를 보여주자는 식으로 각본을 짜는 것이다.

허세가 들어가도 좋다. 하지만 당신 스스로 믿지 않는 이야기는 금물이다. 스스로 완벽하게 믿는 이야기가 아니면 다른 사람이 당신의 이야기에 흥미를 보이는 일은 없다. '이 기회를 놓치면 후회할지도 몰라'라고, 상대에게 득이 될 법한 흥미로운 이야기를 가져가는 것이 중요하다.

그러고 나서 노력으로 허세를 현실로 만들면 된다. 100점을 받으려면, 120점을 받을 생각으로 노력해야 성공할 수 있다. 당신의 직업이나 학력은 상관없다. 얼마나 재밌는 이야기를 할 수 있는가? 그것이 성공하는 사람의 시작이다.

"사람을 끌어들이려면 '재밌는 이야기'를 하라."

거물의 철학은
만국 공통이다

　신주쿠 가부키초(歌舞伎町)에 거주하는 중국 마피아들을 그린 영화 〈불야성〉이 공개되기 전해의 이야기이니까 아마 1997년 무렵일 것이다. 그해 나는 어느 고객의 부탁을 받아 이케부쿠로(池袋)에서 활동하는 중국 마피아에 잠입해 취재를 하고 있었다. 3개월가량 취재해 파친코 사기 도박꾼의 책을 써낼 예정이었다.

　그러던 어느 날이었다. 그날 밤 차이나 클럽은 대성황을 이루고 있었다. 내가 친구와 클럽에 들어간 것은 새벽 2시가 지났을 무렵이었다. 그런데 술을 마시기 시작한 지 얼마 되지 않아 갑자기 큰 소리와 함께 문이 열리더니 중국인 무리가 안으로 난입했다. 중국인 무리는 클럽 기물을 발로 차고, 맥주병을 휘둘렀다. 술병이 날아다니고, 모두가 도망치느라 대혼란이 벌어졌다. 손을 쓸 수 없는 지경이었다. 위험을 느낀 호스티스들의 눈에는 두려움이 가득했다. 가게 주인과 종업원들은 허둥지둥 화장실로 도망치고, 싸움은 멈추지 않았다. "관여하지 않는 게 좋아"라고 같이 간 여성이 숨죽이며 나에게 말했다. 상하이(上海)와 푸젠성(福建省)의 마피아 사이에서 벌어진 트러블이라고 했다. 죽을지도 모른다고 느낀 건 태어나서 그때가 처음이었다.

그런데 두려움에 바닥에 머리를 처박고 있다가 용기를 내어 얼굴을 드니, 나를 보고 있는 남자가 있었다. 무슨 일이라도 당할까 싶어 눈물을 흘리자, 남자가 재빨리 손을 뻗었다. 그리고 내 친구에게 '괜찮아?'라고 눈으로 신호를 보내면서 우리를 밖으로 데리고 나갔다.

"서둘러, 왼쪽이 뒷문이니까!"

그가 잡아끄는 대로 밖으로 나오니 경찰차 소리가 들려왔다. 빌딩이 포위되고 있었다. 우리는 뒷골목을 따라 이동하면서 어떻게든 도망쳤다. 그리고 혼잡한 고기 집으로 들어갔다. 흥분을 가라앉히기 위해 술을 들이키면서, 우리는 피어오르는 연기와 함께 처음으로 서로의 얼굴을 똑똑히 봤다. 떨고 있는 나를 보며 그가 더듬거리는 일본어로 말했다.

"너, 일본인이지? 오늘 밤은 위험했어."

"티가 나?"

"나는 일본에 벌써 5년째여서 알지만, 다른 사람들은 아무도 모를 거야. 넌 눈이 크니까. 일본인은 눈이 더 작아."

우리는 그의 농담에 처음으로 웃음을 터뜨렸다. 그것이 나와 허짱(許ちゃん)의 첫 만남이었다.

내가 파친코 기계의 롬(오락기의 뇌에 해당하는 기계 -옮긴이)을 조작하는 사기에 대해 취재 중이라고 털어놓자, 허짱은 현재 이케부쿠로의 상황과 인간관계 등에 대해 대략적인 것들을 친절하게 가르쳐 주었다.

그리고 나를 '이쓰카'라고 친근하게 부르게 되자 "이쓰카, 허술해. 수법을 바꿔야 돼"라고 말하면서 충고를 해주었다. 예를 들어 마피아 보스를 주의해야 하고, 애교스럽게 굴면서도 몸은 허락하지 말고, 쓸데없는 말은 하지 말아야 한다는 식이었다. 허짱은 중국 마피아들은 일본 여자와 사귀는 것을 일종의 지위라고 생각한다고 했다.

"모두 이쓰카랑 사귀는 데 승부를 걸고 있을 거야. 그러니까 누구의 것이 되어서도 안 돼."

내가 그럴 생각 없다고 말하자 허짱이 다시 말했다.

"마피아는 우선 너를 위해 파티를 열 거야. 하지만 그 파티에는 숨겨진 이유가 있어. 네 모습을 관찰하고, 교양이나 지식 정도를 가늠하고, 적인지 아군인지, 네가 어떤 인간인지를 판단하는 거야. 그걸로 앞으로의 대우나 등급을 결정하는 거지. 술은 전혀 마시지 못하는지, 끝까지 마시는지 등등. 뭐, 여성에게는 무리해서 권하지 않겠지만 말이야. 알겠어?"

나는 내 무지를 부끄러워하며 그와 신뢰할 수 있는 동료에게 보디가드를 부탁했다. 물론 주위에서는 눈치 채지 못하도록. 그러자 그가 강하게 부정했다.

"참고로 나는 마피아가 아니야. 그저 엔지니어일 뿐이야."

좀 전의 싸움은 중국 마피아의 문제이지, 자기 문제가 아니라면서 말이다.

허쨩은 술이 엄청 세고, 팔씨름은 동네 1등이었다고 자랑하는 남자였다. 확실히 내 친구의 결혼식 2차 피로연에서도 아무도 그를 당해내지 못했다.

"허쨩, 몸은 호리호리한데 어째서 팔만 두꺼운 거야?"

친구들이 놀리자, 허쨩은 흰 티셔츠를 벗어 강철 같은 몸을 보여주었다. 피로연에 있던 모두가 놀라서 숨을 멈췄다.

"어렸을 때 복싱을 했거든. 소년원에도 들어갔어. 이 상처는 싸우다가 찔린 거고…… 아무튼 많은 일이 있었지."

명랑하고 싹싹한 그는 그날 일약 인기인이 되었다.

마피아 잠입 취재를 하며 나는 매일 밤 식사 모임이라는 이름의 술자리에 참석했다. 그들의 우선순위는 첫째가 안전, 둘째가 돈벌이, 셋째 넷째는 없고 여자는 별도였다. 내가 진지하게 이야기를 듣고 있는 모습에 그들은 "너, 나쁜 여자구나"라고 말하면서도 결국에는 마음에 들어 했다. 그리고 이렇게 말했다.

"알겠어? 우리는 지킬 수 없는 약속은 절대 하지 않아. 대신 약속한 것은 반드시 지켜. 상대가 빌린 돈을 갚지 않으면 먼저 코를 베어 보스에게 갖고 가. 그래도 갚지 않으면 다음에는 귀를 베어서 갖고 가지."

멀리 떨어진 자리에서 허짱과 그의 동료가 손님인 척하며 나를 지키고 있는 것도 모르고 말이다.

그들은 우리와 피부색은 같지만 머릿속은 전혀 달랐다. 가령 자동판매기가 있다고 치자. 평범한 일본인은 판매기 안에 주스가 들어 있다고 생각하지만, 마피아는 현금이 들어 있다고 생각했다. 그때의 경험 이후, 나는 뉴스를 보면 외국인에 의한 범죄인지 아닌지 짐작할 수 있게 되었다.

취재가 중반쯤 접어들었을 무렵, 상하이·베이징 마피아가 간사이(関西)에서 일제히 검거되었다. 그리고 그들이 강제 송환되면서 사기 도박꾼을 다룬 책은 결국 출판되지 않았고, 허짱과 나는 자연스럽게 멀어졌다. 허짱은 먼 친척인 또 다른 허씨와 결혼했다. 자식도 얻고 행복하다고 소문을 통해 들었는데, 어느 날 길거리에서 우연히 허짱과 마주쳤다.

"그때는 이것저것 상담해줘서 고마웠어."

그리웠던 그 시절이 떠올라 인사를 건네자 허짱이 웃으며 고개를 저었다.

"괜찮아. 이쓰카는 첫 일본인 친구니까. 우리는 말이지, 예를 들어 누군가가 나리타(成田)에서 올라와 '허입니다'라고 전화를 하면 마중을 가. 그리고 머물 곳이 정해질 때까지 그를 집에 머물게 해. 식사도 대접하고, 일도 찾아주지. 그렇게 해서 우리는 지금까지 커온 거야. 알겠어?"

그는 신기한 표정으로 듣고 있는 나를 향해 다시 말을 이었다.

"푸젠에 빌딩을 세웠으니까 이쓰카는 몸만 오면 돼. 방 하나 비워 뒀으니까 언제든지 놀러와."

그의 말에 나는 깜짝 놀랄 수밖에 없었다. 그는 엔지니어가 아니었던 걸까. 나에게는 그렇게 말했는데…….

반 년 후, 뉴욕 행 비행기를 타고 있던 나는 기내 잡지에서 미국의 화상(華商)에 대한 기사를 우연히 봤다. '뉴욕의 허씨 일족'에 대한 기사였다. 설마 싶었던 나는 공항에 도착하자마자 바로 허짱에게 국제전화를 걸었다.

"여보세요, 허짱? 일전에 뉴욕에도 친척이 많다고 했잖아? 그게 혹시 저 유명한 화상 허씨 일족이야?"

내 질문에 잠시 침묵하던 그가 웃으며 말했다.

"그런 게 무슨 상관이야. 지금 뉴욕에 있어? 그럼 데리러 갈까? 허입니다, 라고 전화 한 통화만 하면 돼."

그의 목소리는 변함없이 상큼했다.

"거물로 취급받고 싶다면 정체를 감춰라."

2장

성공하는 남자는 '배제'를 두려워하지 않는다

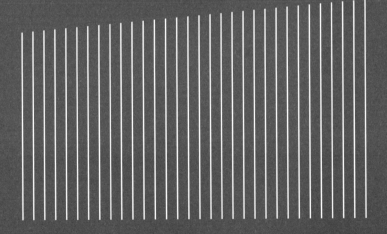

최후에는
투쟁 본능을 유지하는 남자가 이긴다

"이기는 것이 가장 중요하다고 생각하지 않는다. 이기는 것이
전부라고 생각한다."

— 빌 벡, 메이저리그 구단주

"나는 신화를 만들고, 신화에 산다."

— 무하마드 알리, 프로 복서

"앞으로 나아가는 것도 지옥, 뒤로 물러나는 것도 지옥이다. 나
는 성격상 앞으로 나아가서 지옥을 볼 수밖에 없다. 돈이 되면
뭐든지 한다."

역시 남자들만 열중하는 것에는 공통점이 있는 것 같다. 남자는 자신의 힘을 '확장'하는 데 매력을 느낀다.

오토바이는 두 발로 달리는 것보다 훨씬 더 빠르고, 총은 맨손으로 때리는 것보다 상대에게 더 큰 충격을 입힌다. 통신은 목소리를 내는 것보다 더 멀리까지 전달된다. 제각각 인간의 다리, 팔, 입과 귀를 '확장'하는 것이다.

남자에게는 '내 힘을 과시하고 싶다', '상대보다 강하다는 걸 보여주고 싶다'는 바람이 잠재해 있다. 천성적으로 '능력 확장 놀이'를 좋아하는 것이다. 어른이 되어도 남자는 본질적으로 투쟁적이다. 이 사실을 부정하면 안 된다. 문제는 조직이나 사회에서 교육을 받는 사이에 점점 둥글어진다는 것이다.

그런데 내가 아는 성공한 사람들은 '투쟁 본능'을 버리지 않는다. 실제로 성공한 사람들은 대부분 어린애 같다. 혼다 소이치로(本田宗一郎)라든가 이부카 마사루(井深大), 혹은 그 정도로 스케일이 크진 않지만, 내가 아는 성공한 다른 사람들 대부분이 그러했다.

하지만 어른과 아이들 세계의 '확장 게임'은 다르다. 어른의 세계에서는 마음에 안 든다고 상대를 때리거나 하지 않는다. 즉, 매출로 경쟁하고, 업계 점유율로 경쟁하고, 명성으로 경쟁한다.

그러나 표면적으로는 신사처럼 보여도 모두 원시적인 투쟁 본능에 동요되고 있는 것일 뿐이다. 투쟁 본능이 둔해졌다는 것은 이미 남자가 아니라는 증거다. 눈앞의 상대를 완벽하게 이기지 않는 한, 성공한 사람은 될 수 없다.

"투쟁 본능을 잃게 되면 '이미 남자가 아니다'라고 생각하라."

능력 있는 남자는
남녀 관계에서도 태연하게 룰을 어긴다

'여자를 가려 쓰는' 남자가 있다. 이 여자는 데리고 걷는 여자, 이 여자는 집에 두는 여자, 이 여자는 일이나 인맥에 이용할 수 있는 여자, 이 여자는 섹스를 하는 여자 등등으로 말이다.

영국풍의 집에 살면서, 중국인 요리사를 고용하고, 일본인 아내를 손에 넣는 것이 남자의 이상이라는 말을 들은 적이 있다. 죽으면 곤란할 상대를 아내로 고르고, 죽으면 슬픈 상대를 연인으로 삼는다는 말도 있다.

또 남자는 아무래도 '일도이비(一盜二婢)'를 지향하는 경향이 있는 듯하다. 가장 좋은 것은 남의 것, 즉 남의 여자를 훔치는 것이고, 두 번째는 천한 여자, 즉 신분이 낮은 상대와 관계를 갖는 것이라는 의미다. '오래된 놈이라고 생각하겠지만, 오래된 놈일수록 새 여자를 갖고 싶은 법', '내 것처럼 잘 아는 남의 아내' 식의 바보 같은 농담을 하는 아저씨들도 있다.

가슴에 손을 얹고 생각해 보라. 이런 남녀 관계가 '이상적'이라고 생각하는 남성이 적지 않을 것이다. 혹시 이런 남자가 되고 싶다면 철저하게 이런 남자가 되어야 한다. 섣불리 정에 휩쓸리거나 하면 안 된다. 물론 그런 각오가 있을 때의 이야기지만 말이다.

나는 '여자를 가려 쓰는' 남자를 그동안 꽤 많이 봐 왔는데, 그런 남자와 술을 마실 때 재밌는 지론을 이야기한다.

"예를 들어 당신이 100명의 여자와 잤다고 쳐요. 상대방 여자 100명이 전부 당신에게 진지했다고 생각해요?"

내 물음에 남자들은 고개를 젓는다.

"아니, 그렇지는 않겠지."

"그럼 당신은 여자를 안고 있을 때, 여자에게 안겨 있다고 느낀 적은 없나요?"

"당신 참 재밌는 아가씨네. 그렇다면 하나 가르쳐줄까?"

내 질문에 몇몇 남자들은 여러 뒷이야기를 들려주었는데, 그들에게는 몇 가지 공통점이 있었다. 예를 들어 그들은 도박을 할 때는 '한곳에 올인'하지 않는다. 항상 보험을 들어 위험을 분산시키고, 일을 할 때도 A사에 제안하면서 동시에 B사에도 제안을 한다. 즉,

항상 최고의 상태를 유지하면서 최악의 경우를 생각하는 것이다.

이것은 연애에서도 마찬가지라 그들은 우선 '보험'을 든다. "사랑해"라고 속삭이면서 한쪽으로는 언제든지 버릴 수 있다고 생각하는 것이다. 반대로 중요하다고 생각하면 아무렇지도 않게 무릎을 꿇는다. 모두 '손익'의 관점에서 생각하는 것이다.

반대로 사랑을 하는 여자는 지킬 수 없는 약속일수록 더 하고 싶어 한다. '언제나 사랑해', '다시 태어나면 반드시 함께하자'고 말이다. 특히 연애에 있어서 내일 일은 아무도 모르기 때문에 더더욱 약속을 하고 싶어 한다. 하지만 그런 여자에게 비정한 남자는 대답을 하지 않는다.

성공한 사람은 룰은 깨지기 위해 존재한다고 생각한다. 연애뿐만 아니라 일에서도 마찬가지다. 룰을 깸으로써 성공한 사람은 부지기수다. 영화에서 마피아는 거래가 이루어진 후 서로를 죽인다. 성이나 무덤을 만든 장인, 목수는 살해당했다. 죽은 자는 말이 없기 때문이다. 결과적으로 과거의 사다리를 밀어버리는 것이다. 당신은 이런 사람을 불쾌한 인간이라고 욕할 것인가?

그런데 '여자를 가려 쓰는' 남자일수록 여자가 없어 곤란을 겪는 일은 없다. 그도 그럴 것이 그들은 '여자'에 대해서도 항상 맞서고 있기 때문이다. 그것이 여자에게는 '매력적'으로 보이는 것이다. 그들은 용건 같은 게 없어도 전화를 건다. 연락을 하는 행위가 중요한 것이다. "좋아해"라는 말을 듣고 싫어할 사람은 없다.

그러나 그들은 잘 되고 있을 때는 "부탁이니까 이 옷을 입어줘"라고 애원하다가, 관계가 꼬이면 그거 돌려줘, 이거 돌려줘, 하면서 확 달라진 모습을 보인다. 큰일을 이뤄낸 성공한 사람 중에도 이렇게 여자 문제를 일으키는 경우가 많다.

지금은 세상을 떠난, 아내 외에 15명의 여자 친구가 있던 어느 거물 배우가 내게 이렇게 이야기한 적이 있다.

"아내와 애인들 사이에 딱 하나 정해 둔 게 있어. 그게 뭐냐면 말이지……."

그는 아무리 여자가 마음에 들어 "귀엽네. 예쁘네"라고 속삭여도 "사랑해"라고는 절대 말하지 않는다고 했다.

내가 이유를 묻자 왜냐하면 그건 죄가 된다는 것이었다. '사랑해'라고 하지 않는 한, 죄가 되지 않는다'라니! 정말 이기적이고 비정한 룰이 아닐 수 없었다. 하지만 묘하게 설득력이 있는 것 또한 어쩔 수 없었다.

그나마 아내가 있고 따로 여자가 있는 정도면 괜찮은 편이다. 어떤 남자들은 아내 이외의 여자에게 또 다른 여자를 들켰을 때 "당신에게 언제 차일지 알 수 없어서"라며 눈물을 머금고 중얼거린다. 순간적으로 잘도 그런 거짓말을 한다. "그때는 좋아했어", "그 순간은 진심이었어"라고 역설하면서 "하지만 지금은 그렇지 않아"라고 주도권을 내주지 않는 관계를 완성하는 것이다. 그리고 관계가 나빠지면 "안 맞는다"고, 모든 것을 여자 탓으로 돌리고 헤어진다.

같은 가게에 여러 여자를 데리고 오는 건 당연한 일이다. 헤어진 여자가 가르쳐준 가게라도 그들은 개의치 않고 자연스럽게 간다. 섬세함 따위는 없다. 상대의 입장 같은 건 상관하지 않는다.

번화가의 한 스낵바 마담이 이렇게 말하는 것을 들은 적이 있다.

"남자는 호색으로 고생하고, 여자는 멋으로 고생한다."

얼핏 명언처럼 들리지만, 비정한 남자는 그런 고생조차 하지 않는다.

> "일견 상냥해 보이지만 자연스럽게 여자에게 '헤어지자'고 말할 수 있는 남자랑 똑같아. 이 비정함이야말로 경영자가 꼭 갖춰야 할 자질이 아닐까?"
>
> — 비토 다케시, 영화감독 · 연예인

거기까지 할 수 있다면 여자를 마음대로 조종할 수 있다. 물론 상대방이 부재한 '허무함'에서는 평생 벗어날 수 없겠지만.

"일도 연애도 '한곳에 올인'은 금물. 반드시 보험을 들어라."

진정으로 성공한 사람은
접근하는 인간의 속셈을 간파한다

정리 해고를 당했다, 회사가 도산했다, 여자에게 차였다 등등 무엇이든 상관없다. 손쓸 도리가 없을 정도로 낙담했을 때, 바로 그때가 진짜 '성공한 사람'이 될 기회다!

역경에 처했다면 당신은 어떻게 하겠는가? 술을 퍼마시거나 도박에 몰두해도 다음 날 아침 문제가 사라져 있을 리 없다.

신뢰할 수 있는 사람에게 상담을 하거나 도움을 부탁하는 것도 한 가지 방법이다. 하지만 주의해야 할 것은 돈을 꾸거나 도움을 받음으로써 지금까지 이어진 원만한 친구 관계가 무너질지도 모른다는 것. 그런 일까지 각오하지 않으면 더 깊은 수렁에 빠지게 될 수도 있다.

당신이 곤란한 상황을 밝히고 의논을 해도 "사안에 따라 다르지", "일단 조용히 지켜볼게", "부동산은 여러 개 있지만 자유롭게 쓸 수 있는 돈이 없거든", "전부 정리하면 돌아와. 언제든 받아줄 테니까"라는 식으로 가볍게 치부할 수도 있다. 결국 비정한 친구는 당신에게 아무 도움도 주지 않을지도 모른다.

무엇보다 한 번 정점을 찍었던 인간이 역경에 처했을 때는 상황이 더 심각하다. '성공한 사람' 주위에 있는 인간들은 기본적으로 이해관계를 통해 맺어져 있기 때문이다. 역경에 처하면 그야말로 썰물처럼 우르르 빠져나가는 것이다.

진짜로 성공하는 남자는 주위의 속셈을 미리 간파하고 있다. 반면, 남의 권세를 빌려 성공하거나 운이 좋아 성공한 사람은 이때 본래 자기가 가지고 있던 힘을 깨닫는다. '고독했다'는 사실을 뼛속 깊이 깨닫는 것이다! 나는 그동안 그런 장면을 수차례 목격했다.

남에게 기대서는 안 된다. 남은 남일 뿐이다. 나의 모든 것이 될 수는 없다. 모든 문제를 자기 힘으로 처리하는 정신력을 길러야 한다. 최후에 믿을 것은 나 자신의 힘뿐이다. 이런 각오 없이 진짜 '성공한 사람'이 될 수는 없다.

"역경에 처하면 아무도 도와주지 않는다고 생각하라."

성공하는 사람은
'평범한 행복'에 구애받지 않는다

"가족은 마약이라고 생각하고, 자식은 악마라고 생각해야 돼.
가정에 푹 빠지는 것을 철저하게 거부하지 않으면 약한 인간
이라고 할까. 가족에게 휩쓸리기 쉬운 녀석은 제대로 된 일을
할 수 없다고 봐."

― 비토 다케시, 영화감독·연예인

당신은 가정을 최우선으로 생각하는 사람인가? 아니면 한 번뿐
인 인생, 마음껏 자기 힘을 확인하고 싶어 하는 사람인가? 이 책을
손에 든 당신은 아마 후자일지도 모른다.

철저하게 성공을 추구한다면, 가족의 단란함은 한 달에 한 번 맛

보는 게 좋을 수도 있다. 오봉(お盆, 매년 8월 15일 무렵에 있는 일본의 전통 명절 -옮긴이)과 연말에만 가족과 함께하는 게 좋을 수도 있다. 중요한 것은 가족과 함께하는 순간만큼은 최선을 다해야 한다는 것이다. 같이 여행을 가든, 스포츠를 즐기든, 요리를 만들든, 뭐든지 좋다. 오랫동안 기억에 남는 활동적인 모습을 가족에게 보여주는 것이다.

생각해 보면 아버지가 주말에 가족과 함께한다고 무조건 존경받는 것도 아니다. 가족이 보는 아버지의 주말 모습이라고는 잠옷 바람으로 아무 데나 쓰러져 자는 모습일 테니 말이다. 직장에서 아무리 기를 쓰고 일해도 가족에게 아버지의 고됨은 전해지지 않는다. 평소 가족과 접할 기회가 적다는 건 본래 좋은 관계일지도 모른다. 매너리즘에 빠지지 않을 수 있다는 장점도 있다.

물론 누구나 할 수 있는 일도 아니고, 해야 할 일도 아니다. 어디까지나 성공을 추구하기 위한 삶의 방식이니까 말이다. 당신은 어느 쪽에 속한 사람인가?

'8 대 2 이론'이라는 말이 있다. 어떤 사회와 조직이든 매출의 80 퍼센트는 20퍼센트의 우수한 사원과 우수 고객이 창출하고 있다는 것이다.

물론 나머지 80퍼센트의 사원과 고객이 쓸모없다는 의미는 아니다. 나머지 80퍼센트가 있기 때문에 20퍼센트의 인간이 빛을 발하기 때문이다. 오히려 회사의 핵심을 이루는 것은 80퍼센트의 모험을 하지 않고, 현 상태에 만족하고, 지극히 당연한 행복을 누리는 이들이다. 이들은 지극히 평범한 가족생활을 영위하고, 지극히 평범한 인생을 산다.

하지만 20퍼센트는 다르다. 그들은 계속 앞으로 나아가고, 계속 역경을 돌파한다. 때로는 회사의 틀을 무너뜨리고, 가족들을 남겨둔 채 먼 곳으로 가 버린다.

당신은 지금까지 속했던 학교나 동아리, 직장이나 부서에서 항상 상위 20퍼센트 안에 있었는가? 지금은 어떤가?

80퍼센트로 머무르고 싶은지 20퍼센트에 속하고 싶은지, 그것은 당신 자유다. 어떤 세계에도 각각의 역할이 있다. 세상은 그렇게 이루어져 있다. 단, 20퍼센트가 되고 싶다면 마음을 굳게 먹어야 한다.

"상위 20퍼센트를 지향한다면 '가족'이라는 마약에 지면 안 된다."

승부를 걸어야 할
자기 분야를 아는 사람만이 성공한다

"인생을 살면서 복록수(福祿壽)의 삼덕 전부를 얻을 수는 없는 법이야."

홍콩에 사는 대만 출신의 호우 씨라는 부자 노인이 나에게 해준 말이다. 그는 성룡 소유의 맨션에서 큰 보석상을 하고 있었다. '복'은 행복, '록'은 부, '수'는 수명, 건강, 장수를 의미한다.

그럼 잘 풀리지 않는 현실 속에서 살아남으려면 어떻게 해야 하는 걸까? 내가 아니면 안 되는 분야, 내가 자신 있는 분야를 발견하는 것이다. 나는 이것을 할 수 있다, 경험을 통해 갈고닦은 나만의 것이 있다고 단언할 수 있는 인간은 반드시 살아남을 수 있다. 그런 게 없다는 생각이 든다면 잘 생각해 보길 바란다.

누구에게나 승부를 걸어야 할 분야가 반드시 존재한다. 이것도 일종의 법칙인 셈이다. 자신의 분야를 알아냈다면 철저하게 승부를 걸어야 한다! 그때 방해가 되는 것은 과감하게 쳐내야 한다! 가령 목표를 정했는데도 1년 후, 지금과 똑같은 일을 계속하고 있는 사람들은 일단 문제가 있는 것이다.

여성도 마찬가지다. 오랜만에 만났는데 여전히 불륜으로 괴로워하고 있고, 항상 연하를 상대로 연애를 이어가면서 트러블이 끊이지 않고, 시종일관 파트너와 싸우고만 있다면 그 여성에게는 분명 문제가 있는 것이다.

무엇을 버려야 하는가는 사람에 따라 다르다. 다 버리고 홀가분해지라는 말이 아니다. 가장 중요한 것을 버리면 불행해지는 사람도 있으니 말이다. 단, 승부를 거는 데 방해가 되는 것은 우물쭈물하지 말고 버리라는 것이다!

당신의 상황이 '하고 싶은 비즈니스가 있는데 돈이 없다'는 것이면, 돈을 만드는 것이 가장 시급한 과제다.

연예계 데뷔를 꿈꾸며 룸살롱에서 일을 하는 젊은 여자아이가 있었다. 어느 날 한 손님이 그 아이에게 "300만 엔을 모으면 깨끗하게 이 일을 그만둬라. 그래야 네 인생을 바꿀 수 있으니까!"라고 충고를 했다.

그 아이는 돈을 모으고 싶어서 밤일을 하고 있었지만, 벌이가 좋은 만큼 값비싼 의상비니 교제비, 택시비 같은 명목으로 돈을 다 써버리고 있었다. 손님은 돈을 모으지 못하고 자신의 꿈에 다가가지 못한 채 인생을 마치게 될 아이의 미래를 안타까워했다. 그 아이는 어떻게 되었을까? 충고를 해준 손님에게 어느 날 메일이 한 통 왔다.

'마지막 손님이 돼 주시겠어요? 300만 엔을 모았습니다. 룸살롱은 그만둘 거예요.'

"현 상태를 바꾸고 싶다면 우선 돈을 모아라."

사람들은 정에 휘둘리는
미온적인 인간을 따르지 않는다

성공하기 위해서는 대국적인 견지에서 사물을 바라보는 것이 중요하다.

한가롭게 "돈이 있었으면 좋겠어", "회사를 키우고 싶어"라는 소리만 늘어놓는 것은 몽상에 불과하다. 이런 사람은 "언제까지 꿈같은 소리나 하고 있을 건데?"라고 놀림 받아 마땅하다.

하늘을 나는 새가 된 것처럼, 자신의 현재와 미래를 향한 코스를 부감(俯瞰)하듯이 바라보아야 한다. 높이 나는 새의 시선으로 미래에 대한 전망을 그리는 것을 영어로는 '빅 피처(big picture)'라고 한다. 말 그대로 '큰 그림'을 그릴 수 없으면 성공은 불가능하다. 그리고 끊임없이 자신의 '현재'가 '큰 그림'에서 밀려나 있지 않은지를 확인하는 것이다. 혹시 밀려나 있다면 곧바로 궤도를 수정해야 한다. 하지만 수정하기 무척 힘든 것이 있다. 그렇다. 바로 인간관계다!

확실히 말하겠다. 지금까지 자신을 믿고 최선을 다한 부하, 동료, 연인, 친구, 처자식일지라도 자신의 '큰 그림'에서 멀어진다면, 그때는 '인간관계의 궤도를 수정'해야 한다! 그들에게 '배신자' 소리를 듣겠지만 어쩔 수 없다. 얼마나 거침없이 결단할 수 있는가에 따라 성공의 여부가 결정된다.

그렇다면 어떤 사람이 '큰 그림'에서 밀려나야 할까? 옆에 가까이 뒀을 때 나에게, 혹은 나의 '큰 그림'에 방해가 되는 사람이다. 무능한 사람, 도움이 안 되는 사람, 전략에 맞지 않는 사람, 문화를 공유할 수 없는 사람 등등은 무슨 일이 있어도 성공을 위해 배제해야 한다. 특히 누군가 때문에 불편한 일이 들통 나거나 불필요한 풍파가 일 때가 있다. 그때는 반드시 그를 내 옆에서 떨어뜨려야 한다.

회사에서도 마찬가지다. 지금 이 순간에도 많은 직장인들이 술집에서 "왜 그런 놈이 부장인 거야?", "우리 회사는 그런 놈을 잘라야 해!"라고 푸념을 늘어놓고 있다. 실제로 사람을 자르지 못하는 경영자가 있는 기업은 '조기퇴직제도'를 도입해 자발적으로 그만두는 사원을 모집하고 있다. 문제는 그런 기업은 결국 일을 잘하는 사람만 잃어버리게 된다는 것이다. 그도 그럴 것이 일을 못하는 사람은 스스로도 자신의 무능력을 잘 알고 있기에, 회사에서 나가면 갈 데가 없기에, 회사에서 나가겠다고 자발적으로 손을 들지 못하기 때문이다.

그러나 누구를 잘라야 하는지는 쓸데없는 동정심을 버리면 확실히 알 수 있다. 그 사람을 자르지 못하기 때문에 '성공한 사람'이 될 수 없는 것이다.

경영자에게 그것은 엄청난 마이너스가 된다. 왜냐하면 우수한 인간이 나가는 것도, 방해가 되는 인간을 남기는 것도, 결국은 전체의 사기를 떨어뜨리는 것이기 때문이다. 게다가 사람들은 미온적인 인간을 따르지 않는다.

"배신자 소리를 들어도 쳐내야 할 때가 있다."

과거를 깨끗하게 쳐내는 인간만이
기회를 자기 것으로 만든다

"사람들은 대부분 힘을 비축하고, 지식을 늘리고, 정보를 수집하고, 주도면밀한 준비를 하면서 냉정하게 상황을 분석해 타이밍을 노린다는, 성공으로 가는 철칙을 밟지 않는다. ……타이밍이 중요하다는 것을 인식하길 바란다."

– 다케무라 겐이치, 정치평론가

성공한 사람들의 인터뷰를 보면, 인생의 어느 순간 "미처 생각하지 못한 우연으로 인해 기회를 잡았다"고 말하는 것을 심심찮게 볼 수 있다. 판에 박힌 패턴처럼 '미처 생각하지 못한 우연'을 회고한다. TV라면 이 장면에 요란한 효과음을 내보내면서 우연성을 강조하고 싶을 것이다. 하지만 사실 이것은 필연적인 일이다!

그럼 그들은 어떻게 기회를 움켜쥘 수 있었을까? 바로 앞서 언급한 '큰 그림'을 그리고 있었기 때문이다. 큰 그림을 갖고 있는 사람은 우연히 찾아온 기회를 절대 놓치지 않는다. 오히려 자기 힘으로 운을 끌어당기고 움켜쥔다.

또한 '큰 그림'을 갖고 있는 사람은 우연의 빈도마저 바꿔버린다. 자신의 노력 여하에 따라 얼마든지 기회를 늘릴 수 있다. '성공하는 사람'은 반드시 이를 무의식적으로도 실천하고 있다. 세상만사는 균형과 타이밍, 그리고 세팅에 달려 있다는 사실을 아는 것이다.

"당장 무리해서 실행하는 좋은 계획이 다음 주의 완벽한 계획보다 낫다."

제2차 세계대전에서 유명해진 패튼 장군의 명언이다. 자신의 잘못된 판단 하나에 수많은 부하가 죽을지도 모른다는 엄청난 압박에서도, 이때다 싶은 타이밍에 우물쭈물 망설이면 안 된다는 것을 그는 잘 알고 있었던 것이다.

물론 나쁜 계획은 곤란하다. 그러나 완벽한 계획을 위해 재검토를 반복하는 사이 기회는 도망가 버린다. 그러니 돌아보지 말아야 한다. 결단의 족쇄는 즉각 벗어버려야 한다. 만사는 선택과 결단의 연속이다. 성과와 손실 중 어느 쪽의 가능성이 더 높은지 바로 판단해서 강행해야 한다. 결단이라는 것은 즉시 내릴 수 없다면 의미가 없다.

그리고 '성공하는 사람'은 한 번 기회를 잡으면 흐름을 타는 것에도 능숙하다. 그 흐름을 이용해서 순조롭게 많은 바람을 이루어낸다. 야심에 충실하게 행동함으로써, 더욱더 위로 치고 올라가는 것이다.

아티스트나 연예인 중에는 종종 인기를 얻으면서 그때까지 함께한 아내나 연인을 버리는 사람이 있다. 그건 결국 상대가 그 수준을 따라오지 못하게 됐기 때문일지도 모른다. 잘나가기 시작해서 성공하게 되면 환경과 수준이 올라가기 시작한다. 그렇게 되면 그때까지 사귀었던 사람은 그 수준에 적응할 수 없게 된다. 남자든 여자든 자기 수준에 맞는 상대와 사귀는 법이다.

처음 이야기로 돌아가 보자. 예를 들어 회사원인 당신의 꿈은 언젠가 자신의 바를 갖는 것이다. 그러던 어느 밤 단골 바에 갔는데 주인에게서 "고향으로 돌아갈 계획이라 누군가에게 가게를 넘기고 싶다"는 이야기를 듣는다.

그때 당신은 어떻게 하겠는가? '성공하는 사람'이라면 어떻게 할 것 같은가? 곧바로 회사를 그만두고 온갖 연줄에 의지해 융자를 내 가게를 손에 넣을 것이다. 진지하게 바를 갖고 싶었다면 우연찮게 찾아온 기회를 잡으러 달려들 것이다. 현재의 직장을 포기하기 힘들면, 겸업을 하면서라도 반드시 양쪽을 다 해낼 것이다.

반대로 '이 비즈니스가 끝장난다면'이라든가 '첫째 딸이 초등학교에 들어간다면' 하는 식으로 우물쭈물하다 보면, 정신이 들었을 때 바는 이미 타인의 것이 되었을 가능성이 높다. 모든 것은 사후약방문이 되고 마는 것이다.

결단을 내린 시점에서 회사나 지금의 생활은 과거일 뿐이다. '성공하는 사람'은 과거는 깨끗하게 쳐내고 기회를 확실히 붙잡는다.

성공하고 싶다면 우선 결단력을 갖춰야 한다. 그리고 흐름을 붙잡아 합류해야 한다. 야심에 충실해라. '혹시', '만약', '어쩌면', '다음에'와 같은 생각으로는 기회를 잡을 수 없다.

"뒤돌아보지 마라. 결단의 족쇄는 즉시 벗어버려라."

'손님은 악마'라는 전제가
비즈니스를 성공으로 이끈다

비즈니스에서 성공한 사람은 '손님은 악마'라는 사실을 잘 알고 있다. '손님은 하느님'이라는 건 거짓말이다!

채소 가게를 찾은 손님이 "여기서는 대구를 안 파나요?"라고 물었다고 가정해 보자. '그런 말도 안 되는 소리를 하는 손님이 어디 있어?'라고 생각할지도 모르지만, 실제로 비즈니스를 하다 보면 이런 경우는 결코 드물지 않다.

이때 손님에게 "생선 가게에 가서 사다 드릴까요?"라고 대답하는 것이 바로 '손님은 하느님'이라는 발상이다. 그렇게 해야 한다고 쓰여 있는 비즈니스서도 많은 듯하다. 이 생각이 발전하면 채소 가게임에도 불구하고 대구를 사와서 배추나 파와 매치하여 '찌개 세트로 팔면 돼'라는 발상으로 이어질 것이다.

그런데 과연 이것이 정말 성공하는 방법일까? 곰곰이 생각해 보면, 제정신을 가진 손님이라면 채소 가게에서 생선을 찾을 일도 없고, 무엇보다 채소 가게는 생선에 대해 잘 모르기 때문에 싸고 좋은 대구를 사올 수도 없다. 즉, 실패할 가능성이 높은 비즈니스라는 뜻이다.

이때 '손님은 악마'라는 발상으로 임하면 어떻게 될까? "우리는 채소 가게라서 채소에는 자신이 있습니다"라며 꼼꼼하게 고른 원산지와 품질에 대해 자세히 설명하고 상품을 어필하는 것이다. 원하는 바가 이뤄지지 않아 낙담하고 돌아가는 손님은? 그대로 보내면 된다.

'손님은 하느님'은 신규 고객을 개척하는 발상이고, '손님은 악마'는 고정 고객을 만드는 발상이라고도 할 수 있다. 물론 고객층을 넓히는 것도 중요하다. 그러나 새로운 손님이 필요하다고 해서 불합리한 요구를 마냥 들어주다 보면 아무리 일해도 이익이 오르지 않는다. 질 좋은 손님을 찾아야 한다.

그렇다. 이때도 예의 '8 대 2 이론'이 적용된다! 매상의 80퍼센트는 20퍼센트의 고정 고객에게서 나온다. 따라서 '악마'를 위해 분주하게 움직이기보다는 자신의 기준을 관철하여 고정 고객이 될 가능성을 추구하는 것이 합리적이다. 그리고 이를 위해서는 나만의 기준과 다른 고객을 '싹둑' 잘라버리는 강한 의지가 필요한 것이다. 실제로 우수한 경영자일수록 손님이나 거래처의 요구를 비정하게 잘라낸다.

"비용을 5퍼센트 절감하는 것은 쉽지 않을 거야. 하지만 20퍼 센트라면 가능하지."

— 마쓰시타 고노스케, 마쓰시타 전기 창업자

"고객의 과도한 요구는 비정하게 잘라버려라."

성공한 사람이 결단을 내릴 때는
'도둑의 논리'가 작용한다

일전에 한 잡지에서 지금은 갱생에 성공한 옛 도둑이 '도둑의 논리'를 이야기하는 글을 읽은 적이 있다.

그 글에 따르면, 도둑들이 경비 시스템 스티커가 붙은 집을 피할 거라고 단정 지을 수는 없다고 한다. 오히려 부자일 가능성이 높다는 생각에 노리는 일이 많다는 것이다. 붙잡히면 훔친 금액에 관계없이 처벌을 받기 때문에 어차피 범죄를 저지를 거라면 보상이 큰쪽이 좋기 때문이란다. 또 일본의 도둑은 집에 침입했을 때 사람이 있으면 도망을 가는 경향이 있다고 한다. 집에 있는 사람에게 위해를 가하면 절도에서 강도로 죄가 무거워지기 때문이다.

옛 도둑의 입을 빌려 말하자면, 도둑도 법을 염두에 두고 움직이는 셈이다. 무작정 움직이거나 어림짐작으로 나서는 일은 없다. 손익 계산을 확실히 하고 생업(?)에 힘쓰는 것이다.

'도둑도 그런 식으로 생각하는데…….'

잡지를 읽고 있던 나는 문득 합법적인 범위 안에서 일상생활을 하는 일반인들은 얼마나 견실한 결단을 내리고 있는지 의심스러워졌다. 우리는 항상 '최악의 경우'를 생각하면서 판단하고 있을까?

가령 경영자의 경우, 결과 예측이 불투명해도 결단을 해야 할 때가 있다. 때로는 이 세상에 존재하지 않는 상품이나 서비스를 내놓아야 할 때도 있고, 돈을 벌기 위해 거금을 털어 전망이 불투명한 신사업을 시작할 수도 있다.

이때 성공할 확률은 실제 어느 정도 파악 가능한 것일까? 결과적으로 프로젝트가 실패하고 회사가 파산하면 경영자는 '도박 경영을 했다'고 비판 받는다. 반대로 성공하면 '개척자'로서 숭배를 받는다. 둘 다 결단은 결단이다. 성공하기 위해서는 '결단'을 내릴 수밖에 없다는 뜻이다. 따라서 용기와 담력이 필요하다.

주사위를 던져서 짝수 눈이 나온 다음에 반드시 홀수 눈이 나온다고 장담할 수 없듯이, 장기적인 확률이 50퍼센트라고 해도, 그때그때의 확률은 불확실한 것이 세상의 이치다. 50퍼센트의 확률로임해도 실패할 때는 반드시 실패한다는 뜻이다.

그렇다면 앞서 말한 도둑처럼 '어차피 저지를 거면 부자를 노리자'는 생각으로 실패까지 내다보고 판단할 수는 없을까? 그렇지 않은 사람은 '이럴 리가 없는데'라며 언제까지고 고민을 계속하게 된다. 결단의 성공 여부는 확률만의 문제가 아니다. 리스크를 얼마만큼 내다볼 수 있는가에 따라 결과가 정해진다.

"실패할 때는 실패한다. 결단할 때는 '최악'을 생각하라."

성공한 사람은 거짓말을 해도
상대의 눈을 피하지 않는다

"거짓말을 하면 안 됩니다."

부모님이나 선생님이 아이들에게 반드시 하는 말이다. 그런데 거짓말이라는 게 대체 뭘까?

"뉴스 보도와 미디어에는 사실은 있지만 진실은 없다"고 어느 정치가가 내게 말한 적이 있다. 실제로 사람의 기억은 실로 불확실한 법이다. 인간은 무의식중에 자기에게 유리한 기억을 만들어낸다. '거짓말도 한 방법'이라는 말을 종종 듣지만, 거짓말에는 해도 되는 거짓말과 그렇지 않은 거짓말이 있다.

금세 들키는 거짓말, 조사하면 알 수 있는 거짓말은 웬만해서 하면 안 된다. 의사록이 존재하는 회의에서 이루어진 자신의 발언을 두고 나중에 "그런 말을 한 적이 없다", "그럴 생각이 아니었다"고 해봤자 꼴만 사나워질 뿐이다. 요컨대 머리가 나쁜 것이다. 반대로 거짓말이 되지 않는 거짓말도 있다.

그러나 가장 확실한 것은 자기에게 불리한 말을 하지 않음으로써 결과적으로 상대방을 오해하게 만드는 것이다. 듣는 사람은 속았다고 나중에 화를 낼지도 모른다. 그러나 당신은 대놓고 거짓말을 한 것은 아니기 때문에, 곤란한 상황에 처할 일은 전혀 없다.

실제로 '성공하는 사람'은 거짓말을 꽤 많이 한다. 그럴듯하게 그것도 아주 자주한다. 거짓말쟁이는 사람과 눈을 맞추지 않는다는 말이 있지만, 산전수전 다 겪은 베테랑 거짓말쟁이라면 눈을 피하는 일 따위는 있을 수 없다. 설사 당신이 거짓말을 알아채고 화를 내도 베테랑은 "그건 오해야"라며 수많은 변명을 동원할 것이다.

기업의 마케팅 역시 거짓말과 비슷하다. 어떻게 불리한 것을 생략하고 좋은 점만 강조하는가에 성공 여부가 달려 있기 때문이다. 거짓말이든 아니든 어떻게 손님의 흥미를 끌어당기는가가 관건인 것이다.

> "잘 만든 광고와 윤택한 예산이 있다면 전국의 사람들을 속일 수 있다."
>
> — 조셉. E. 레빈, 영화 프로듀서

긴자 골목에서 바를 운영하는 단골 마담이 내게 다음과 같은 재밌는 이야기를 들려준 적이 있다.

"저 역시 거짓말도 한 가지 방법이라고 생각해요. 저희는 상대를 불쾌하게 하지 않고, 상대의 기분을 해치지 않고, 상대에게 상처를 주지 않기 위한 거짓말이라면 뭐든지 하죠. 단, 자기가 한 거짓말은 기억하고 있어야 해요. 그러지 못해서 딱 한 번 손님에게 혼난 적이 있었죠. 어느 날 두 파티가 한날한시에 열렸는데, 양쪽에 모두 참석하겠다고 거짓말을 해야 했어요. 결국 한쪽 파티에는 10분 정도 늦고 말았죠. 그때 손님이 '나는 알고 있었어. 어느 쪽에 갈까 저울질했지?'라며 화를 냈어요. 몇 시에 간다고 약속을 했으니 늦는 쪽이 잘못이고, 그렇다면 처음부터 사정을 알리든가 거절했어야 한다는 것이었죠. 그때 딱 한 번, 거짓말은 역시 좋지 않다고 생각했죠."

또 이런 '거짓말' 이야기도 있다. 매월 특정한 주의 특정 요일이 되면, 한 호화로운 살롱에 다양한 수집가와 마니아가 모인다고 한다. 그날이 되면 골동품 한 점이 소개되기 때문인데, 사람들은 너도 나도 골동품에 대한 깊은 지식을 자랑하면서 값비싼 술을 마신다는 것이다. 그리고 드디어 살롱이 그날의 특별 세일 상품을 선보인다. 문제는 골동품이 사실은 싸구려라는 사실이다. 하지만 잘난 척하고 있어 보이는 척하는 초보자들이 달려드는 바람에 골동품은 비싼 가격으로 거래가 된다는 것이다. 업계 용어로는 이것을 '낚였다'고 한다. 내게 이 이야기를 해 준 젊은 남자는 항상 특별 세일 상품이 아니라 남은 상품을 산다고 했다. 그쪽이 돈이 된다는 것이었는데, 남자는 인상적인 이야기로 마무리를 했다.

"그런데 그 살롱 주인 말이야. 매일 밤 수면제를 손에서 놓지 못한다는 거야. 건강에 문제가 생긴 거지. 그래서 모두 때려치울 생각이더라고. 거짓말도 참 쉽지 않아."

득이 되는 거짓말과 그렇지 않은 거짓말의 차이를 아는 것도 성공의 조건 중에 하나다. 참고로 살롱 주인은 재작년 세상을 떠났다. 망자의 명예를 지켜주는 것이 일본인의 미학이라고 하지만, 그에게는 통용되지 않았다. '죽어서 한숨 돌렸다'는 사람, '꼴좋다'는 험담을 하는 사람들이 많았던 것이다.

세상을 떠났을 때 옹졸하고 교활했던 사람은 그 가치를 의심받는다. 이런 최후는 쓸쓸하다. 골동품처럼 본인도 싸구려였던 듯하다.

"들통 날 거짓말은 삼가라. 변명 거리를 많이 보유하라."

비정한 남자는
'모험'을 할 수 있다

　대기업의 신규 사업에 관여한 사람이 내게 이렇게 불평을 늘어
놓은 적이 있다.

　"신규 사업에 참여하는 바람에 엄청나게 고생을 했지. 돈을 써도
당장 성과가 나오는 게 아니니까 말이야. 그런데 다른 부서는 '신규
사업만 각광을 받는다'며 반감을 드러내지 뭐야. 차라리 신규 사업
이 아닌 다른 명칭으로 불렀으면 좋겠다."

　다른 사람이 시켜서 한다고 생각하면, 이런 부정적인 발상을 하
게 된다.

　"리스크가 없는 이익, 위험이 없는 경험, 노동이 없는 보수를

얻으려고 하는 건 태어나지 않고 사는 것과 마찬가지로 불가능하다."

─ A. P. 고지, 철학자

대개의 사람들이 나이를 먹어감에 따라 모험을 하지 않게 된다. 보수적이며 완고해진다. 왜일까? 체력이 약해지면서 물리적으로 모험을 할 수 없게 되는 면도 있을 것이다.

하지만 더 큰 요인은 지금까지의 경험을 통해 앞이 어렴풋이 보이기 때문일 것이다. 예를 들어 우리는 경험을 통해 밤늦게까지 술을 마시면 아침에 숙취에 시달리게 될 것을 알고 있다. 그래서 내일 회사에 가기가 힘들어진다든가, 택시를 타고 귀가하면 돈이 아깝다는 생각으로 마지막 전철을 타려고 허둥지둥 술자리에서 일어나게 되는 것이다.

물론 나이를 먹어감에 따라 모험을 피하게 되는 게 꼭 나쁘다는 건 아니다. 모험을 하지 않으면 실패할 확률이 낮아지고, 익숙하지 않은 일을 함으로써 겪게 될 스트레스를 느낄 일도 없다.

하지만 잘 생각해 보자! 내가 20대 시절에는 새벽까지 부어라 마셔라 하던 선배들이 많았다. 그들이 아침까지 마실 체력이 있었다는 이야기가 아니다. 이런저런 생각하지 않고 모험을 할 수 있었다는 것이다.

그러나 나이가 들면서 이런 행동을 할 수 없게 된다. 첫 경험이 점점 무서워지게 된다. 눈앞에 기회가 굴러왔는데도 그것을 붙잡기를 주저하게 된다. 그렇다, 당연한 결단을 내릴 수 없게 되는 것이다.

그럼 어떻게 될까? 눈앞의 작은 위험은 피할 수 있어도 결국 사업에 실패하는 아이러니한 결과가 나올 가능성이 커진다. 실제로 그런 사례는 얼마든지 있다.

경영자 중에도 그런 사람이 많다. 손에 쥔 객관적인 데이터를 토대로 냉정하게 판단하면 납입업자를 변경해야 한다, 사업을 축소해야 한다, 새로운 시장에 참가해야 한다는 등의 자료는 산더미처럼 쌓여 있는데, 결국에는 그렇게 하지 못한다. 왜냐하면 익숙한 현재를 바꾸는 모험을 감행하기가 두렵기 때문이다. 모험을 하면 새로운 거래 관계를 처음부터 구축해야 한다. 새로운 업자에게 일하는 방식도 가르쳐야 한다. 다른 부서에서 반발할 수도 있다. 경험이 없는 일을 처음부터 공부해야 한다. 그 순간 이런 의문이 드는 것이다.

'잘 안 되면 어떡하지?'

가정 문제도 마찬가지다. 집을 새로 사서 바꿀 시기다, 아이를 전학시켜야 한다, 아내와는 이혼을 하는 게 현명한 판단이다 등의 과감한 결단을 내릴 단계에 접어들었는데도 불구하고, 그렇게 하지 못하는 경우가 대부분이다. 생활환경이 바뀌면 아이에게 뭔가 문제가 생길 수도 있다, 이혼하면 평생 혼자 살게 될지도 모른다는 걱정이 들면서 이런 의문이 드는 것이다.

'내 노후는 어떻게 되는 거지?'

결국 끙끙 앓으면서 결단을 뒤로 미룬다. 계속해서 자기 정당화를 이어가고, 끝내는 어떻게도 할 수 없는 상황까지 몰리게 된다. 이것이 바로 '꼰대'다!

20대 젊은 나이에도 꼰대가 되는 사람이 있는가 하면, 60대에 모험을 하는 사람도 있다. 모험심과 실제 나이가 반드시 상관관계에 있는 것은 아니다. 당연히 성공하기 위해서는 자신의 안팎에 있는 꼰대를 없애야 한다.

"나이를 먹어도 '첫 경험'을 두려워하지 말라."

이기는 인간은 '승리라는 미주(美酒)에 도취된 나'를 상상할 수 있다

> "'실패를 두려워하지 않는다'는 자세로는 부족하다. '반드시
> 성공시킨다'는 강한 의지를 가져라."
>
> – 잭 니클라우스, 프로 골퍼

올림픽에 출전하는 선수 중에는 시합 전에 머릿속으로 당일 시합이 어떻게 전개될지 이미지 트레이닝을 하고, 당일에 "상상한 대로 해서 우승했다"고 말하는 경우가 많다. 비단 스포츠뿐만 아니라, 승부와 관련된 승리자는 모두 같은 일을 한다.

사업도 마찬가지다. 성공한 자신의 모습을 처음부터 끝까지 '상상'해야 한다. 심지어 승리의 미주(美酒)에 도취된 모습까지 마음속

에 그려야 한다. 물론 그렇게 해도 실패하는 경우도 있지만, 당신이 머릿속으로 '성공'을 그렸다고 이를 책망할 사람은 아무도 없다.

머릿속으로 그려본 것은 시간이 흐르면 현실로 나타나는 법이다. 그렇기 때문에 반대로 나쁜 이미지를 갖고 있는 한 불행에서 벗어날 수 없다. 따라서 가능한 한 높은 수준에서 상상하는 버릇을 들여야 한다.

주의할 것은 자신의 결점에 너무 구애받지 말아야 한다는 것이다. 이 단계에서는 불가능한 일에 주목하기보다, 자신의 장점을 확대해 어떻게 하면 일을 진행시킬 수 있는지를 추구해야 한다. 그래야 높은 수준의 이미지를 그려볼 수 있다.

지금 당장은 어려움을 겪고 있어도, 머릿속으로 좋은 이미지를 계속해서 그려 나가면 미래는 상상력에 의해 만들어지게 될 것이다. 우뇌에 좋은 이미지를 구체적으로 입력하면, 그 이미지가 저절로 좌뇌로 이동하면서 현실화되고, 일이 잘 풀리게 된다.

나도 글을 쓸 때 먼저 '그림', 즉 비전이 떠오를 경우에는 글이 아주 쉽게 진행되는 편이다. 그러니 정확한 목표를 설정하는 것이 중요하다.

"성공의 '예행연습'을 통해 성공에 미리 익숙해져라."

'결과가 전부'라는 룰을
인식한 인간만이 성공한다

"기업의 좋고 나쁨을 가늠하는 것은 결국 결과다. 과정에서 아무리 노력했다고 해도, 노력한 만큼 결과로 나타나지 않으면 의미가 없다. 경영은 곧 결과라는 말은 사실이다."

— 고토 세이치, 산요전기 전 부사장

'경영은 곧 결과'라니, 정말 살벌한 이야기이다. 그러나 내가 어렸을 때는 학교에서 정반대의 내용을 배웠다. '중요한 것은 노력이다', '배우는 과정이야말로 가치가 있다', '점수에만 신경 쓰지 말라'고 말이다. 그때는 학교뿐만이 아니라 일본 전체가 '결과는 전부가 아니다'라고 강조했던 것 같다.

누구나 '그럴싸한 말'이라는 건 잘 알고 있을 것이다. 그럼에도 '결과가 전부'라고 하면 뒤에서 손가락질을 받을지도 모른다. '약육강식의 불공평한 세계라니. 그건 사람이 사는 세상이 아니야!'라고 말이다.

그러나 지금은 어떤가? 이 불황의 시대는 과연 어떠한가? 실제로 '결과가 전부'인 시대가 되었다. 아무리 '노력상'을 받아도 전혀 구원받지 못하게 되었다.

역사와 마찬가지로 모든 것은 승자가 결정한다. 그것이 진실이다. 불평불만을 늘어놓는 것도 좋지만, 먼저 그 사실을 확실히 인식해야 한다.

생각하기에 따라서는 룰이 단순해졌다고도 할 수 있다. 지금은 어쨌든 레드카드만 받지 않고 점수를 내면 된다. 매너가 나쁘다든가, 애교가 없다든가, 그런 결과와 무관한 사실을 시끄럽게 지적하는 것이 과거의 일본이었지만, 이제 그런 우아하고 풍류 어린 지적을 할 여유는 없다.

비즈니스를 한다면 결과를 낼 것! 수익을 올릴 것! 직장인이라면 목표를 달성하고, 이익의 폭이 큰 고객을 찾아내 매상을 늘릴 것! 미디어에 두드려 맞지 않고 경찰서에 가지 않을 정도의 파격적인 행동은 오히려 선호될 정도다.

시시한 변명은 패자의 뒷말에 불과하다. 이기면 충신, 지면 역적인 것이다.

"이기면 충신. 과정은 상관없다고 생각하라."

적을 철저하게 때려눕힐 수 있는 인간만이
진정한 승리를 거둔다

"타인에게 상처를 줘야 할 때는 복수를 두려워할 필요가 없을
만큼 철저하게 상처를 줘야 한다."

– 니콜로 마키아벨리, 사상가

병법의 세계에는 '공격자 3배의 법칙'이 있다. 적을 공격하는 쪽
은 3배의 전력을 투입하지 않으면 이길 수 없다는 것이다. 적은 자
기 진영에서 성벽을 쌓거나 다른 이점을 활용할 수 있다. 따라서 적
과 같은 전력으로는 지게 된다는 뜻이다.

마카오가 리모델링되기 전, 리스보아 호텔 카지노에서 룰렛 게임
을 한 적이 있었다. 반쯤 장난으로 한 번에 대여섯 개 칩을 걸어가

며 일희일비하고 있었는데, 중간에 엄청나게 많은 칩을 한 번에 거는 남자가 게임에 참가했다.

도대체 무슨 자신감인지 남자는 태연한 얼굴로 칩을 마치 쌓아올리듯이 몇 군데에 올렸다. 문제는 100퍼센트라고 해도 좋을 만큼 당첨이 됐다는 것이다. 동요한 딜러들이 수시로 교체되었지만, 대량으로 칩을 건 남자의 승리는 계속되었다. 그때 나는 깨달았다.

'아, 이게 이긴다는 것이구나!'

한꺼번에 힘을 대량으로 쏟으면, 상대방을 완전히 이기는 데 물리적으로 유리한 건 확실하다. 그러나 보다 중요한 것은 심리적인 효과다. 룰렛의 경우, 칩을 대량으로 놓게 되면 딜러는 점점 더 초조해지고 결과적으로 손놀림이 엇나갈 가능성이 높아진다(프로 딜러는 자기 생각대로 구슬을 굴릴 수 있다고 한다). '적이 엄청나게 강하고 진지하다'고 느끼게 함으로써 상대방을 동요시키고 그 전의를 꺾는 것이다.

실제로 현대의 전쟁에서도 '디코이(decoy)'라는 '유인용 모형 병기'를 적에게 과시하는 경우가 종종 있다고 한다. 적을 속여서 시간을 벌거나 공격을 회피하기 위해서다.

적을 경악하게 만들어 전의를 꺾을 정도로 철저하게 공격하지 않으면 승리는 장담할 수 없다. 영화 〈대부〉에서도 그랬듯이, 적을 완전히 없애지 않으면 그 후손이 복수해 올지도 모른다. 계속 불안을 안게 되는 것이다.

'영원한 안녕'을 고할 때는 남김없이 깨끗하게 숨통을 끊어야 한다.

"승부를 걸 때는 단번에 힘을 쏟아라."

성공하는 사람은
'3가지 나'를 갖고 있다

"결정을 내리기 위해서는 여러 가지 안이 있어야 한다. '된다', '안 된다'의 두 가지 안만으로는 부족하다. '결정하지 않는다'는 결정도 있다."

— 피터 드러커, 경영학자

내가 외국계 기업 A사의 홍콩인 임원과 미팅을 했을 때의 일이다. 그가 준비한 제안서에는 A사가 B사에 판매할 상품의 판매가가 다음과 같이 적혀 있었다.

1안 - 단가 210엔

2안 — 단가 240엔(단, 구입 개수가 W만 개에 도달할 때마다 보상금 X 엔을 공여)

3안 — 단가 270엔(단, 엔이 달러에 대해 1엔 비싸질 때마다 Y퍼센트 할인)

나는 이것을 보고 B사에 어느 안이 가장 이득인지 짐작이 가지 않아 솔직하게 임원에게 물어보았다. 그러자 그가 당연하다는 듯이 대답했다.

"I have no idea(그야 나도 모르지)."

"그럼 왜 이렇게 복잡한 제안을 하는 거죠?"

"사람은 눈앞에 복수의 선택지가 놓이면 문득 고르고 싶어지는 법이거든."

당시 A사는 B사와 요금 교섭을 하고 있었는데, 좀처럼 타협이 되지 않는 상황이었다. 그때 아무도 손익을 예측할 수 없는 제안을 하면 상대가 합의하지 않을까, 라는 이야기였다. '그런 바보 같은 이야기가 다 있군'이라고 생각할지도 모르지만, 결과적으로 B사는 한 달 후에 계약서에 사인을 했다. 어떻게 된 일일까?

교착 상태에 빠진 교섭에서는 자칫 논의가 지나치게 단순해질 때가 있다. 위의 경우에는 '얼마나 가격을 깎는가?'에만 초점이 맞춰져 있었다. 하지만 서로 결론이 보이지 않아 협상을 질질 끌고 있는 사이에 열정도 식어버리기 십상이다. 그래서 그 임원은 B사가 대량 구입을 원하고 있는 것과 환율을 걱정하고 있다는 것을 알고, 이를 배려하는 듯한 '계산식'을 준비했던 것이다.

B사가 합의한 것은 현재로서는 쌍방 모두가 정확한 손익을 알 수 없다는 것이 어떤 의미로는 공평하다고 느꼈기 때문이리라. 이처럼 바라보는 시각을 살짝 바꾸기만 해도 결과를 낼 수 있는 것이다.

인간도 마찬가지다. 자기 자신에 대해서도 다각도로 바라볼 수 있어야 한다. 이를 내게 가르쳐준 '성공한 사람'이 있는데, 그는 나에게 이렇게 말했다.

"언제든지 3가지 나를 떠올려야 해. 소용돌이 속에 있는 나, 객관시하는 나, 그리고 부감으로 보는 나로 말이야."

'소용돌이 속에 있는 나'로만 자신을 바라보면 필사(必死)다. 물론 때로는 감정적인 시각도 필요하지만 말이다. '객관시하고 있는 나'는 냉정하게 나 자신에게 질문을 던질 수 있다. '부감으로 보는 나'는 상황 전체를 조망하고, 상대의 반응이나 분위기를 판단할 수 있다. 이 3가지 시각으로 내 안의 균형을 맞출 수 있다는 것이다.

실제로 '성공한 사람'은 모든 각도에서 사물을 볼 수 있다.

"양자택일로 생각하지 말고 다양한 선택지를 가져라."

'기다리는 힘'을 가진 인간이
기회를 잡는다

"역경도 좋고, 순경(順境)도 좋다. 중요한 것은 주어진 처지를 순순히, 그리고 꿋꿋하게 살아가는 것이다."

– 마쓰시타 고노스케, 마쓰시타 전기 창업자

누구에게라도 순풍 속에서 순조롭게 나아갈 기회는 찾아온다. 성공을 바란다면 그 기회를 놓치지 말고 흐름이 멈추지 않도록 매끄럽게 춤을 춰야 한다! 하지만 아무리 잘해도 바람이 멈출 때가 온다. 그 다음에는 역풍을 맞게 될 수도 있다.

타이거 우즈는 세계에서 가장 유명한 프로 골퍼다. 18세의 나이로 미국 아마추어 선수권에 출장해 최연소 우승을 했다. 프로가 된

이후 메이저 선수권 우승 횟수가 14회에 달하고, 사상 처음으로 트리플 그랜드 슬램을 두 번이나 달성했다. 획득한 총 상금은 1억 달러를 돌파했다. 당연히 역대 1위다.

그러나 신의 축복을 받은 운동선수도 악마의 유혹에 빠지자 추락할 수밖에 없었다. 2009년에 불륜 스캔들이 터진 것이다. 포르노 여배우와 호스티스, 트레이너 등 열 명 이상의 상대와 불륜을 저질렀다는 충격적인 뉴스가 전 세계에 퍼져나갔다. 직후 교통사고를 일으키면서 무기한 투어 결장을 발표했다. 하지만 이듬해인 2010년 마스터스 투어에 복귀하고, 2013년에는 5승을 거두며 다시 상금 랭킹 1위로 복귀하며 전성기를 맞는 듯했다. 하지만 부상이 겹치면서 2015년부터 2016년에 걸쳐 4회의 허리 수술을 받아야 했고, 2017년에는 약물 복용 운전 혐의로 체포까지 됐다. 그러자 모든 사람들이 이제 복귀는 무리라고 생각했다. 그러나 타이거 우즈는 2018년 다시 복귀에 성공해 2019년 우승을 기록하며 완전히 부활했다는 인상을 남겼다.

기독교는 고백하는 종교다. 미국에서는 고백을 '용기 있는 선택'으로 여겨 칭송한다. 클린턴 전 대통령이나 케이트 모스의 경우도 마찬가지다.

일본에서 성공한 예는 마에조노 마사키요(前園真聖)일 것이다. 그는 만취 상태로 택시 운전사를 폭행해 체포되었는데, 석방된 후 곧

장 소속사 대표와 함께 택시 회사를 찾아 사죄했다. 기자 회견도 열고 금주를 이어갔다. 현재는 와이드쇼 프로그램에 계속 출연해 호감도를 올리고 있다. 남편 우치다 유야(內田裕也)의 스캔들이 터졌을 때 기자 회견을 열고 시치미를 떼는 독특한 캐릭터로 매스컴을 어리둥절하게 만든 고(故) 키키 키린(樹木希林)도 마이너스를 플러스로 바꾸는 명인이었다.

운이 상승세를 탔을 때는 열심히 하면 된다. 반대로 운이 하락세에 빠지거나 정체되어 있다 싶으면 무리하지 말아야 한다. 그때는 지금은 공부하고, 담아두는 기간이라고 생각하면 된다. 이는 단순히 무리하지 않는다, 섣불리 행동하지 않는다, 고독을 견딘다는 의미가 아니다. 요컨대 운이 트일 때, 혹은 운이 트이지 않을 때를 정확히 알아야 한다는 것이다.

모든 일에는 기회가 무르익을 때가 있다. 꽃은 겨울에 피지 않는 법이다. 하지만 하락세에 휩쓸려가도 안 된다. 스스로를 갈고닦을 시간이라고 생각하기 바란다.

**"일하는 것만이 능사가 아니다.
하락세에 접어들었을 때는 자신을 갈고닦아라."**

'넘버원'을 의식하는 인간만이
'넘버원'이 될 수 있다

어느 유명한 메달리스트가 나에게 이렇게 말한 적이 있다.

"세계의 벽은 높다. 그런데 왜 '일본에서 최고가 되자'는 생각은 하지 않는지 모르겠다. 자기가 경쟁하는 카테고리, 혹은 장르를 좁혀 가다 보면 일본 최고가 되는 일은 의외로 간단하다."

일본 인구가 1억 3,000만 명이라고 해도, 어린아이나 노인을 제외하고 어떤 경기를 하고 있는 인구는 어느 정도일까? 또 내가 살고 있는 지역에서는? 이런 식으로 범위를 한정하다 보면, 내가 경쟁해야 할 상대는 기껏해야 수백 명 정도에 불과하다. 물론 그래도 여전히 그들 중에서 1등을 하는 것은 쉽지 않겠지만, 막연히 '수백만 명'이라고 가정할 때보다는 훨씬 현실성이 높아질 것이다.

하고 싶은 일이 있다면, 그 분야의 최고봉을 목표로 하자!

어느 건축가가 해 준 이야기인데, 어떤 분야의 일을 피라미드에 비유할 때, 먹고살 수 있는 사람은 정점에 있는 사람 아니면 저변에 있는 사람이라고 한다. 저변에 있으면 무엇이든 해서 살아가며, 정점에 있으면 자기가 결정한 것을 충분히 이룰 수 있기 때문이라는 것이다. 오히려 어중간한 위치에 있는 사람이 가장 불리하단다.

대상을 좁히다 보면 누구라도 '넘버원'이 될 수 있다!

어느 일류 운동선수에게 성공 철학에 대해 물었더니, 그가 진지한 표정으로 "그게 뭡니까?"라고 되물은 적이 있다. 그런 것을 일일이 생각하지 않는다는 뜻이다. 흔히 있는 멘탈 트레이닝이나 성공 철학은 성공하지 않은 사람만이 필요로 하는 것이라는 말도 있다. 성공한 인간은 이를 필요로 하지 않는다는 것이다.

어느 여성 금메달리스트는 시합 후에는 꼭 케이크 한 판을 혼자다 먹어 치운다고 털어놓았다. 상식적으로 생각하면 말도 안 되는 일인지도 모른다. 하지만 그녀에게는 케이크 한 판을 먹는 일이 '필요'한 법칙인 것이다. 물론 그 법칙은 타인에게 해당되는 것이 아니고, 근거와 효과에 대해 실증할 수도 없다.

이처럼 성공한 인간은 자기에게 필요한 게 무엇인지 '본능'적으로 느낄 수 있다. 바꿔 말하면 성공하지 않은 인간은 자기에게 뭐가 필요한지 알지 못한다. 자기에게 뭐가 필요한지 감지할 수 있는 능력은 자기 계발서를 아무리 많이 읽어도 알 수가 없다.

설사 성공한 인간이라도 '넘버원'을 유지하는 일은 이렇게나 어렵다. 게다가 지금 시대에는 사소한 일에도 자기가 '넘버원'이라는 자신감이 흔들리곤 한다.

따라서 나만의 척도를, 잘하는 분야를 항상 유지해야 한다. 지금은 그렇게 할 수 있는 인간이 살아남는 시대다.

"넘버원이 되고 싶다면 분야를 한정하라."

일류 비즈니스맨은 언제 어디서도
목표 수치를 정확하게 말할 수 있다

사람은 쇼핑을 할 때 무의식적으로 직감적인 판단을 내릴 때가 많다. 이른바 '첫눈에 반해', '충동구매'를 하는 것이다. 이런 상태를 '수치화'하는 연구가 이루어지고 있는데, '뉴로마케팅'이 그것이다. 쇼핑할 때의 뇌의 반응을 계측함으로써 소비자의 심리나 행동 패턴을 해명하고 마케팅에 응용하는 방법이다.

가령 북유럽 스웨덴의 자동차 메이커 볼보(VOLVO)는 소비자가 생각하는 멋진 디자인을 알아내기 위해 뉴로마케팅을 이용한 실험을 실시하고 있다. 피실험자는 뇌파를 검지하는 헤드셋을 장착한 뒤, 다양한 사진을 보면서 감정의 움직임과 깊은 관련이 있는 전두전뇌피질의 활동 상태를 체크한다. 그러면 차의 유선형 형태를 아름답다고 느끼는 순간 피실험자의 뇌파에 반응이 나타난다. 이처럼 인간의 애매한 감정마저 수치화할 수 있는 시대가 다가오고 있다. 추상적인 것이 구체적인 수치로 치환됨으로써 마케팅의 설득력이 보다 커지고 있는 것이다.

마찬가지로 구체화·수치화한 것을 눈에 띄는 곳에 붙여두면 효과는 더 높아진다. 종종 컴퓨터 화면 구석에 '오늘 안에 누구누구에게 메일을 보낼 것!'과 같은 내용의 메모지를 덕지덕지 붙이는 경우가 있는데, 이왕이면 보다 큰 목표도 붙이면 좋다. '이번 달 안에 신규 고객 ○건 획득', '201○년까지 과장 승진', '여름까지 ○킬로그램 감량', '완전 금연 ○○일째' 같은 메모들 말이다.

이런 메모를 붙이면 동료나 상사가 이를 놀릴 것이다. 하지만 창피함은 잠시뿐이다. 자연스럽게 그 화제에 대해 이야기를 하게 될 테고, 목표 기한이 다가오면 주변 사람들은 결과의 성패를 두고 흥미를 보일 게 분명하다. 이렇게 목표를 주위에 어필하고 결과를 낼 수 있도록 자기를 채찍질하는 것이 좋다. 즉, 이 모든 것은 항상 결과를 의식하기 위한 것이다.

당신은 자신의 목표나 그 달성률을 얼마만큼 실시간으로 의식할 수 있는 상태인가? 사실 세상의 많은 기업들이 멋진 사무실은 갖고 있어도, 또 브랜드 로고에는 공을 들여도, 의외로 이런 중요한 일을 제대로 못하고 있는 듯하다.

어느 파산한 은행을 구조 조정하기 위해 새로 영입한 외국인 경영진이 가장 놀랐던 것 중의 하나가 그 누구도 업적을 제대로 파악하지 못하는 것이었다고 한다. 무려 9개월 전의 수익이 아니면 정확히 알 수 없었다는 것이다. 그래서 경영자는 가장 먼저 월말부터 일주일 사이에 목표를 확정할 수 있도록 시스템을 재정비했다고 한다.

지금 이 순간 당신에게 질문하겠다. 올해 당신이 모으고자 하는 목표 금액은 얼마인가? 지난달 말의 달성률은? 현재의 달성률은?

곧바로 대답하지 못한다면, 목표에 대해 진지함이 부족하다고 생각할 수밖에 없다. 이런 숫자는 항상 머릿속에 들어 있지 않으면 의미가 없다. 결과를 내기 위해 필요한 것은 결과에 대해 얼마나 진지할 수 있는가이다. 전에 썼듯이 '결과가 전부'인 시대가 되었기 때문이다.

"목표 수치를 주위에 퍼뜨려서 자신을 몰아세워라."

일류 도박사는
패배의 맛도 알고 있다

내가 지금까지 받은 다양한 선물 중에서 잊을 수 없는 것이 하나 있다. 어느 날 사귀고 있던 남자가 내게 물었다.

"이제 곧 스물다섯 생일이군요. 뭐 갖고 싶은 거 없어요?"

"있죠. 치아가 갖고 싶어요."

"뭐라고요?"

깜짝 놀란 그를 향해 나는 윗니를 손가락으로 가리키며 한동안 치과에 가지 않았더니 충치가 생겼다고 말했다. 그제야 그거 참 안됐네, 하며 그가 안쓰러운 표정을 지었다.

"그런데 조건이 하나 있어요."

"오호, 조건까지? 그거 재밌네요."

나는 흥미를 보이는 그에게 내가 생각하는 조건을 말했다.

"이왕이면 도박으로 하룻밤 사이에 딴 돈이면 좋겠어요."

"얼마나 하죠?"

"상아는 비싸니까, 세라믹으로 하면 8만 엔?"

"흠, 마작을 해서 하룻밤에 따기는 어려운 금액이지만, 뭐 어떻게든 해봅시다."

그러고서 한동안 소식이 없었던 그가 어느 날 부재중 전화에 음성 메시지를 남겼다.

'이겼어요. 드디어 당신을 만날 수 있겠군요. 나는 이제 집에 가서 잡니다.'

녹초가 된 목소리였다. 시간은 오후였다. 밤새 마작을 한 것이다. 당시 그는 도박으로 생계를 꾸리고 있었다. 파친코, 마작, 경마, 경륜, 경정, 카지노를 비롯해 부동산에 주식, 그리고 선물 거래까지 하고 있었던 것이다.

그는 다양한 장소로 나를 데려가 떠돌이 도박사들을 소개해 주었는데, 모두 개성적인 사람들로, 20대 중반이었던 당시의 나에게는 확실한 자극이 되었다. 그중에 일전에 편안히 세상을 떠난 프로 마작사 고지마 다케오(小島武夫) 씨가 내게 이런 말을 해준 적이 있다.

"남자는 말이죠, 이기는 것뿐만이 아니라 지는 게 뭔지도 아는 게 좋습니다. 그래야 여성에게도 상냥해질 수 있으니까요."

다른 도박사들도 모두 이에 공감하며 웃었다. 참고로 도박의 오의(奧義)는 이기고 있을 때 그만두는 것이라고 한다. 도박은 장시간 하면 노름판 주인이 반드시 이기는 구조로 되어 있기 때문이란다. 그런데 어린아이처럼 운을 믿고 결과를 되돌리기 위해 계속 하다 보면 반드시 진다는 것이다.

그를 처음 만난 것은 어느 각본가를 회상하는 파티에서였다. 그는 홍콩으로 경마를 하러 가기 전이었는데, 무슨 일인지 나에게 띠를 물었다.

"뱀띠인데, 왜요?"

"저기, 초면에 정말 실례이지만 엉덩이를 만져도 될까요?"

그의 말에 따르면 아사다 데쓰야(阿佐田哲也)의 책에 '뱀띠 여자의 엉덩이를 만지면 도박에서 이긴다'고 쓰여 있었다는 것이다. 우리는 다 같이 크게 웃었다. 내가 엉덩이를 내밀자, 그는 무척 미안한 표정으로 엉덩이를 만졌다. 그리고 얼마 뒤 초대받은 식사 자리에서 다시 만난 그에게 그날의 일을 물었다.

"어떻게 됐어요? 이겼나요?"

"미안해요, 졌습니다."

"다른 여성의 엉덩이였으면 좋았을 걸 그랬네요."

"하아…… 그런가요?"

우리는 함께 웃었다. 이후 우리는 반년 가까이 함께 지냈는데, 보통의 남녀 관계와는 많이 달랐다. 나는 어른스럽고, 항상 쿨하고, 언행이 부드러운 그를 존경했다. 그러나 내가 그에게 마지막으로 들은 말은 다음과 같았다.

"당신을 정말 좋아하지만, 미치도록 사랑하는 건 아닙니다. 미안합니다."

요컨대 나는 차인 것이다. 그 후 그는 가십의 여왕과 재혼을 했다. 나는 또다시 졌고, 얼마 뒤 나도 첫 번째 결혼을 했다.

그런데 어째서 나는 그에게 '치아'를 선물해 달라고 했을까? 거기에는 이유가 있다. 보통의 남자 친구라면 헤어진 후 원망이 남기도 하겠지만, 그에게는 그런 일이 없을 것 같았다. 그는 스스로를 가리켜 '마지막 순간에 냉정한 남자'라고 했지만, 나는 지금도 그에게 감사해하고 있으니 신기한 일이다.

나는 그가 준 선물이 언제까지나 내 몸의 일부로 남는다면 기쁠 것 같았다. 그래서 일반적으로는 생각하지 못하는 '치아'라는 선물을 요청한 것이다. 그리고 그가 승부사로서 가르쳐준 많은 인생철학 덕분에 나는 언제든지 사물을 냉정하게 판단하는 인간이 될 수 있었다.

"냉정하게 행동해도 감사를 받는 남자가 돼라."

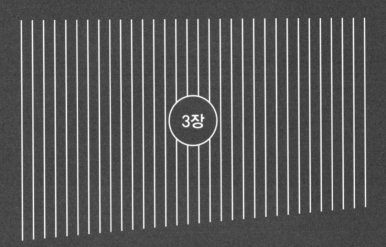

3장

성공하는 남자는 '고독'을 무기로 삼는다

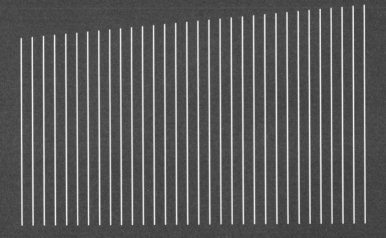

성공한 사람은
'살아남는 것'을 제일 먼저 생각한다

'자기희생'은 과연 아름다운 것일까? 아름다운지 어떤지는 별개로 치고, 성공하는 사람은 자기를 제일 먼저 생각한다. 자기에게 일어나는 일은 모두 옳다. 자기가 일으키는 일도 모두 옳다. 성공하는 사람들은 대부분 그렇게 생각한다. 그래서 자기만이라도 살아남는 일을 항상 생각한다. 성공한 사람에게 타인을 위해 희생한다는 발상 같은 건 없다. 마지막에 믿을 수 있는 건 나 자신뿐이라는 사실을 잘 알기 때문이다.

고등학교 시절 수업에서 들은 이야기 중에 또렷이 기억하는 한 가지가 있다. 허름한 체육복을 입은 거무스름한 얼굴의 체육 교사가 어느 무더운 여름날 들려준 이야기였다.

태평양 전쟁이 끝나고 얼마 후, 미크로네시아의 해저에 침몰한 두 척의 잠수함이 인양되었다고 한다. 한 척은 미국 해군의 잠수함, 또 한 척은 일본의 잠수함이었다. 잠항 도중에 조우한 두 척은 서로에게 어뢰를 명중시켜 함께 침몰했다고 한다.

그런데 인양한 미국 잠수함의 해치를 열자 도미노처럼 우르르한데 포개져 있는 승무원들의 시신이 보였다. 앞 다퉈 밖으로 빠져나오려고 했던 모양새였다. 말단 수병이고 함장이고 상관없이, 생존할 수 있는 일말의 기회에 목숨을 걸던 마지막 모습이 그대로 남아 있었던 것이다.

이어서 일본 잠수함의 해치를 열었는데, 이번에는 시체가 보이지 않았다. 좁은 함내로 들어가 보니 승무원들은 자기 자리에서 숨이 끊어져 있었다고 한다. 그 모습을 보고 "과연 일본의 무사도!"라는 감탄사가 여기저기서 터져 나왔다는 것이다. 그런데 평소 말수가 적은 체육 교사가 잠시 숨을 돌린 후 우리에게 물었다.

"너희들은 어느 쪽 승무원이냐?"

교실이 쥐 죽은 듯이 조용해졌다. 잠시 뒤 그는 확실히 이렇게 말했다.

"일본 승무원은 되지 마라!"

그때는 그의 말이 무슨 뜻인지 잘 이해가 되지 않았다. 하지만 지금은 이해가 된다. 다른 사람에게 의지하고, 평상시 지켜야 하는 법에 구속받고, 혹은 체념하고 있다면, 그 앞에는 죽음이 기다릴 뿐이다.

내 목숨이 달린 극한 상황에서는 지위가 낮고 높고, 다른 사람 보기에 부끄럽고 아니고를 따지지 말고, 한 사람 한 사람이 곤경에서 빠져나오는 것, 사태를 바꾸는 것, 그저 살아갈 일을 생각해야 한다.

평소 아슬아슬한 위기 국면을 마주할 기회가 없는 현대인은 자기가 속한 조직에 의지하며 상식적으로 판단하려는 경향이 강하다. 그러나 조직의 비호에서 벗어나 운명을 개척하는 사람에게는 스스로 살아남을 각오가 필요하다. 불도저처럼 모든 것을 발로 차서 쓰러뜨리는 한이 있어도 반드시 살아남아야 하는 것이다.

"자기만의 힘으로 살아남을 각오가 필요하다."

스스로 길을 개척하는 사람은
'평화로운 이상 사회'를 기대하지 않는다

"인간이란 모두 제멋대로인 존재입니다. 그것이 바로 자아가 있다는 의미로, 자아가 강한지 약한지의 차이가 있을 뿐입니다."

– 스즈키 도시후미, 전 세븐&아이 홀딩스 CEO

인간은 자기중심적이어서는 안 된다고 많은 사람들이 이야기한다. 왜일까? 남에게 폐를 끼치기만 해서는 미움을 받으니까? 혼이 나니까? 신뢰를 잃으니까? 물론 남에게 기대어 사는 것을 바란다면 자기중심적이어서는 안 된다.

하지만 당신이 자신의 길을 스스로 개척할 각오가 있다면 자기만 생각하며 살아도 된다. 성공하면 뒤에서 손가락질 받을 일도 없다.

우리는 '남에게 사랑받고, 칭찬받고, 신뢰받는 것이 중요하다'고 여기는 사회에 살고 있다. 파란 신호에는 멍하니 길을 건너도 차에 치이지 않는다. 순서대로 줄을 서 있으면 반드시 자기 차례가 온다. 다른 사람에게 돈이나 물건을 빌려주면 다시 돌려받는다. 우리는 이런 사회가 좋은 사회라고 생각한다. 맞다. 그것은 확실히 좋은 사회다.

그러나 현실은 결코 그렇지 않다. 그런 생각은 완전한 환상에 불과하다. 정말 그렇게 생각하고 있다면, 당신은 어지간히 사람이 좋거나 세상 물정을 모른다고 할 수밖에 없다. 대기업이든, 정부든, 학교든, 완벽한 이상 사회 같은 것은 존재하지 않는다. 오히려 현실이 그렇기 때문에, 자기중심적이어서는 안 된다고 끝없이 호소하고 있는 것이다.

자기 운명을 스스로 조종하고 자기 길을 개척하려고 하는 사람은 이상 사회 같은 걸 기대해서는 안 된다. 남에게 의지하지 않고 살아갈 각오를 다져야 한다. 만약의 경우 친한 친구나 사랑하는 여자라도 태연하게 배신할 수 있는 자기중심적인 정신 구조가 필요하다. '성공한 사람'은 어설프게 베푼 정이 치명타로 되돌아올 수 있다는 사실을 잘 알고 있다. 실제로 누군가 당신을 배신한다면 내부 인사일 가능성이 높다. 배신이란 모르는 사람이 아니라, 같은 무리에게 당하는 것이다.

최고의 위치에 있다는 건 고독한 법이다. 그래서 의외로 자기가 속한 업계의 정보에 어두울 때가 있다. 그런 상태에서 동업자와 친하게 지내면 생각지도 못한 곳에서 약점을 잡힐 수 있다. 우호적으로 보이는 동업자나 동료 경영자도 여차하면 배신할 가능성이 있는 게 현실이다.

즉, 최고 경영자에게 주위 사람들과 친밀한 사이를 유지하는 것은 백해무익한 일이다. 성공하는 사람은 그 사실을 잘 알기 때문에 동업자나 동료 경영자와는 웬만하면 친하게 지내지 않는다. 자기중심적이어도 괜찮다. 만일의 경우 남에게 기대지 말고 책임을 스스로 지면 되는 것이다.

"남에게 기대지 않을 각오가 있다면 자기중심적으로 살아라."

결단력이 있는 인간은
정에 휘둘리지 않고 우선순위를 재편성한다

"오랫동안 생각에 잠겨 있는 사람이 항상 최선의 선택을 하는 건 아니다."

– 괴테, 작가

사소한 일에도 고민을 거듭하고 재깍재깍 결정하지 못하는 남자는 절대 성공하지 못한다.

레스토랑에서 메뉴를 고르거나 쇼핑을 할 때 몹시 망설이는 사람이 있다. 세월아 네월아 하다가 결국에는 주문을 취소하고 반품을 하는 등 쓸데없이 시간만 소비하는 사람들 말이다. 이런 사람은 여자와 헤어지거나 교섭을 마무리하는 데도 서툴다. 또한 중요한 결단을 해야 할 인생의 국면에서도 똑같이 행동한다.

왜일까? '우선순위'가 없기 때문이다. 자신에게 무엇이 중요하고 무엇이 중요하지 않는지, 정해 놓지 않았기 때문이다.

단골 가게를 찾아 자리에 앉으면 가게 종업원이 '항상 먹는' 것을 가져오는 것을 선호하는 사람이 있다. 항상 같은 것을 먹는 것은 게으른 탓이 아니다. 우선순위가 확실하기 때문이다.

나와 친분이 있는 한 저명한 경영 컨설턴트는 일용품의 경우 항상 정해진 메이커를 쓴다. 조식은 수십 년째 같은 것을 먹고 있다. 조식 메뉴를 고르느라 망설일 시간이 아깝고, 그런 것을 생각하는 데 구애받고 싶지 않기 때문이다. 그밖에 해야 할 일이 산더미처럼 많기에 온 신경을 집중하고 싶은 것이다.

성공을 바란다면 우선순위를 확실히 하고, 재빨리 결단을 내리는 습관을 들여야 한다! 그렇지 않으면 중대한 일이 있을 때 제대로 대응할 수 없게 된다.

'우선순위를 확실히 하라'는 것은 아주 중요한 성공의 조건이다. 이와 관련해 베들레헴 스틸이라는 세계적 기업을 만든 찰스 슈와브의 재밌는 일화가 있다. 하루에도 수십 수백 가지의 일에 휘둘리던 그는 컨설턴트의 조언에 따라 매일매일 중요한 것을 1번부터 순서대로 리스트업해서 위에서부터 끝내기 시작했다. 그러면 열심히 노력해도 하루에 2~3가지 정도밖에 할 수 없지만, 신경 쓰지 않고 항상 우선순위에 있는 것을 끝내기 위해 몰두했다고 한다. 그게 훨씬 더 효율이 높았기 때문이다.

그리고 우선순위를 정하는 것뿐만 아니라, 바뀌는 상황에 맞게 우선순위를 재빨리 재편성하는 습관을 들이는 것도 필요하다. 언제 어느 때 우연히 기회가 찾아올지 알 수 없기 때문이다. '우선해야 할 것'은 항상 돌발적으로 찾아오는 법이다.

그때 간단하게 우선순위를 재편성할 수 있을 것인가? 때로는 두 번째로 중요한 것을 잘라버리거나, 두 번째로 중요한 사람을 배신해야 할 경우도 있다. 당신은 그렇게 할 수 있는 사람인가?

**"두 번째로 중요한 것, 또는 두 번째로 중요한 사람을
버릴 각오가 필요하다."**

비정한 남자는
여자관계에서도 '교활'하다

성공한 사람은 여자관계에 있어서도 우선순위를 엄수한다. 가족 관계를 유지하기 위해서라면 사랑하는 애인을 버릴 수도 있고, 중요한 일을 위해서라면 가족마저 배신할 수 있다. 완전히 철저하게 비정한 것이다.

경영자는 우선순위에 따라 스케줄이 하루에도 몇 번씩 바뀐다. 바람을 피울 때 두 장의 스케줄 표를 만드는 경영자를 본 적도 있다. 하나는 알리바이를 만들 친구용, 하나는 아내용이었다. 거의 병적인 수준인데, 그렇게까지 용의주도하게 하는 것이다.

또 비정한 남자는 자기 생활권, 자기 비즈니스권에서는 웬만해서는 놀지 않는다. 회사 동료와 연애하는 일도 없다. 결국에는 주위에서 알아채게 되고 귀찮아진다는 걸 알기 때문이다. 여자가 오해해서 배팅할 만한 짓도 하지 않는다.

왜냐하면 첫째, 자기 세계를 좁히기 때문이다. 또 잘되는 동안에는 상관없지만, 관계가 삐걱거리게 되면 생활이 힘들어지고 일에도 영향을 끼치기 때문이다. 결국 자기 목을 조르고 비싼 수업료를 치르는 결과를 만드는 것이다. TV 드라마에서는 회사 동료들끼리 두루두루 연애를 하지만, 실제로 그런 연애를 하면 곤란해지는 경우가 많다.

이처럼 성공하는 사람은 일면 교활한 모습을 갖고 있다. 또 교묘한 변명을 터득하고 있다. 그것이 그들의 살아남기 위한 테크닉이다.

"섹스와 일은 가정에 갖고 오지 않는다."

– 타모리, 일본 영화배우

"바람피울 생각이라면 용의주도하게 하라."

거물은 '이야기는 크게, 수치는 자세히' 말한다

내용이 좋으면 다 좋다는 말은 거짓말이다!

사람은 대개 겉모습에 좌우된다. 나는 그렇게 생각한다. 뭐든지 형태에서부터 시작되고 나중에 내용이 따라온다.

미국의 대통령은 언제나 엷게 화장을 하고 스타일리스트도 따라붙는다. 성형 의혹도 있다. 연설할 때도 조정자가 항상 따라붙는다. 원래의 모습도 중요하지만, 허세를 부리는 것도 실력의 하나이기 때문이다.

모든 일에는 '여세(餘勢)'라는 게 있다. 아무리 오래전부터 계획해도 좀처럼 생각대로 되지 않는 것이 인생이다. 생각지도 못했던 묘한 일에서부터 인생의 코스가 점차 바뀌게 된다. 그것이 바로 인생이다.

성공하는 사람은 그런 여세를 살린다. 여세를 몰아 인생 코스를 대대적으로 바꾸는 것이다. 성공하는 사람은 이런 작은 계기에 여세를 몰아 반드시 큰 행운으로 바꾼다. 저 유명한 알프레드 히치콕 감독조차 처음에는 자막 디자이너로 촬영장에 들어갔다. 우선은 거기서부터 시작한 것이다. 그들은 다른 사람과 무엇이 다른 걸까?

그것은 승부처를 아는 것이다. 이때다 싶은 기회를 절대 놓치지 않는 것이다. 지금 이 장소에서 자신의 움직임 하나로 운명이 바뀐다고 확신하고 움직이는 것이다. 망설이지 않고 다음 단계로 나아가는 것. 바로 승부처에서 띄우는 용기가 필요하다.

그래서 허세를 부려야 할 때는 부려야 한다. 젊은 날의 스티븐 스필버그가 영화사 중역인 척하고 촬영소에 잠입했듯이 말이다. 그리고 확신을 갖고 강력하게 설득하는 것이다. 이때 이야기는 큰 틀에서, 금액이나 수치는 세세하게 해야 한다. 이른바 연기를 해야 한다는 뜻이다. 남의 아이디어도 내 것처럼, 남에게 소개받은 가게도 마치 내 가게처럼 이야기할 수 있는 허세가 필요하다.

이를 잘 해내는 사람은 승부에 임하는 자신의 모습에 도취된다. 그리고 그 순간 자신의 허세를 진실에 한없이 가까운 것처럼 느끼면서 좌중을 지배한다.

사람은 모두 알기 쉬운 이야기를 듣고 싶어 한다. 반드시 돈을 벌

것 같은 이야기를 듣고 싶어 한다. 실패하지 않을 것 같은 이야기에 빠져든다. 따라서 이때다 싶은 타이밍에서는 그런 이야기를 들려주는 게 좋다.

"제가 하고 싶은 말이 두 가지 있는데……."

이것은 정치인들이 종종 사용하는 수법인데, 그들은 두 가지를 호언장담한다. 왜냐하면 하나는 적고, 세 가지는 너무 많고, 두 가지가 딱 좋기 때문이다. 그들은 할 말을 두 가지로 나눠 그럴싸하게 말하기만 해도 충분하다는 것을 잘 알고 있다.

중요한 것은 뛰어난 임팩트와 표현, 그리고 퍼포먼스다. 그러나 나중에 물어보면 "그런 건 없어"라고 둘러댄다. 그때그때 임기응변으로 대처하는 데 대단히 능한 것이다. 대신 들통 날 거짓말은 가급적 하지 않는다. 진실이어도 전혀 이상하지 않은 말을 겹겹이 쌓아 올려 성공 스토리로 이어가는 것이다.

또한 그들은 과장된 이야기를 할 때 자기밖에 모르는 말을 한다. 예를 들어 어떤 현장에 자기밖에 없었다고 이야기하는 식이다. 그렇게 하면 그 사람 외에는 모르는 일이 되기 때문에 얼마든지 자기 멋대로 진실을 변형시킬 수가 있다. 하지만 듣는 사람은 거기까지 생각하지 않는다. 그래도 나는 연설을 듣고 있으면 어디를 각색했는지 대충 알 수 있다. 아래의 예는 어느 마술사가 가르쳐 준 트릭인데, 착각을 이용하는 것이다.

마술사들이 "오른손을 봐 주세요"라고 하면 일반인들은 보통 오른손을 보지만, 프로는 왼손을 본다. 마술사가 강조하는 것에 현혹되지 않고, 그렇지 않은 방향을 보아야 대답을 발견할 수 있기 때문이다. 사이비 초능력자도 같은 패턴을 활용하는데, 나 역시 "아아, 여기는 꾸몄구나. 여기는 진짜구나"라는 것을 대충 알 수 있다.

누군가 본인밖에 모르는 말을 할 때는 대개 이야기를 꾸미고 있다고 생각하는 것이 좋다. 성공한 사람을 만날 때도 그런 식으로 반대로 보면 재미를 느낄 수 있을 것이다. 모두가 보는 방향을 봐서는 안 된다. '우향좌'의 마음을 가질 것. 그것이 위로 빨리 뛰어오를 수 있는 기회다.

"사람은 알기 쉬운 이야기를 듣고 싶어 한다.
상대가 듣고 싶은 이야기를 해줘야 한다."

성공 체험을 쌓은 남자에게는
개성과 자신감이 있다

내가 만난 정치가들은 거의 대부분 가공할 정도로 낙천적이다. 낙천적이지 않은 사람은 절대 거물이 될 수 없다는 듯이. 실제로 당신이 성공을 바란다면 정치인처럼 최대한 남 앞에 나서야 한다! 나가시마 시게오(長嶋茂雄)처럼 선거에서 삼진을 당해도 좋으니 한 번이라도 더 많이 타석에 서야 한다.

길모퉁이에서 선거 포스터 게시판을 볼 수 있는 시기가 되면 넌더리가 난다. 창문을 꼭 닫고 냉난방기기를 켜는 여름, 겨울이면 모를까. 아침부터 밤까지 확성기로 꽥꽥거리면 일도 할 수가 없다. 그들이 뭘 그리 열심히 외치는지 들어보면 자기 이름을 연호할 뿐이다. 그래서 어쩌라는 거지? 선거하러 가면 그 이름만은 투표하지 않을 거라 굳게 맹세하지만, 투표일이 되면 그만 싹 잊어버리고 만다.

나는 정치인 친구가 많다. 왜냐하면 정치인 중에는 최소한 겉으로 볼 때 어두운 사람이 없기 때문이다. 특히 퍼포먼스를 놓고 보면 정치인은 제일 재밌는 사람들이다. 그들의 연설이나 사인회는 실제로 많은 공부가 된다. 그래서 정당의 호불호에 관계없이 인간의 카리스마를 보기 위해 나는 종종 정치인의 강연회에 간다.

정치인들은 설사 악역 이미지를 가졌더라도 자기만의 독특한 리듬감으로 매력적이고 재밌게 이야기할 줄 안다. 그 리듬에 상대를 휘어잡는 매력이 숨어 있다. 가령 그들은 자기 이름을 처음과 중간, 그리고 마지막에 최소 세 번은 말한다.

어느 정치부 기자가 쓴 책을 읽은 적이 있는데, 기자를 하다 보면 취재 상대인 정당 관계자가 "선거에 출마하지 않겠나?"라고 권할 때가 있다고 한다. 실제로 저자의 몇몇 지인들도 권유에 응해 선거에 나갔다고 한다.

그런데 선거가 끝나고 저자는 지인들에게서 달라진 느낌을 받았다고 한다. 묘하게 자신감에 차 있고, 설령 낙선한 사람이라도 "다음에는 반드시 당선될 거야!"라는 식의 낙천적인 이야기를 했다는 것이다. 요컨대 정치인답게 변했다고 할까?

왜일까? 정치인들은 선거 운동을 하면서 자기 이름을 수백수천 번씩 연호하고, 오로지 당선만을 생각한다. 선거란 예측 불가능한 법이다. 누구도 예상치 못한 역전이 일어나는 것도 사실이기에 그들은 현재 상황이 불리해도 '반드시 당선된다'는 확신을 갖는다. 그리고 이런 경험을 하고 나면 사람이 달라진다고 한다. 큰 무대를 밟게 된 거물 스포츠 선수와 배우, 외과의, 어려운 시험을 통과한 변호사나 고급 관료 역시 이와 비슷할지도 모른다.

성공 체험이 있는 인간들은 공통적으로 강한 개성을 갖고 있다. 그 개성과 자신감이 사람을 끌어당긴다. 예를 들어 정치가든 야구 선수든 '기록'보다 '기억'에 남는 사람의 인상이 더 선명하다. 중요한 것은 퍼포먼스이기 때문이다.

남자라면 살면서 한 번쯤은 스스로에게 활기를 불어넣어 큰 무대를 밟아보길 바란다.

"'기록'보다 '기억'에 남는 남자가 돼라."

거물은 반성 대신 '반론'하고,
신경 쓰는 대신 '걱정'한다

"자기가 마음속으로 옳다고 믿는 일을 하면 된다. 해도 험담을
듣고, 안 해도 험담을 듣는다. 어느 쪽이든 비판을 피할 수는
없다."

— 엘리너 루스벨트, 전 미국 대통령 부인

세상으로 나간다는 것은 남의 주목을 받는다는 의미다. 이때 '마
찰의 원리'가 작용한다. 내가 많이 알려질수록 나를 싫어하는 사람
도 많아지게 된다.

스스로 자신이 있다면 남이 험담을 하든 말든 신경 쓸 필요 없다.
누군가가 얼굴을 맞대고 직접 주의를 줬다면 반성하든가 반론하면 된다. 오해가 있다면 풀면 되고, 실수가 있다면 사과하면 된다.

하지만 내가 없는 곳에서 한 이야기는 일체 무시하는 것이 좋다. 오른쪽 귀로 들은 것을 왼쪽 귀로 흘려보내는 것이다. 누군가 내게 친절한 척하면서 "너에 대해 이런 이야기가 나왔어"라고 말한다면, 모르는 척하면 된다. 그야말로 쓸데없는 참견일 뿐이다!

그 사람은 당신의 성공을 시샘하고 있을 게 틀림없다. 그러니 "난 소문에 둔감한 타입이야"라는 식으로 말하면 그만이다. 다른 사람의 인사이동 이야기나 평판, 누구와 연애하는지에 대해서만 떠들어대는 인간을 상대로 일희일비하는 것은 시간 낭비일 뿐이다. 상대와 같은 수준으로 행동하면 자신의 격만 떨어질 뿐이다.

거꾸로 '소문은 인기의 척도'라고 생각하면 된다. 이에 관련돼 내가 실제로 들은 재밌는 에피소드가 있다.

사기꾼 집단은 서로 단단한 연대감을 나누고 있다고 한다. 그래서 사기의 대상이 되는 기업의 평가가 떨어지기 시작하면 아무도 그 기업을 상대하지 않게 되고, 그렇게 되면 그 기업은 이제 끝장이라고 한다.

중요한 것은 남의 소문에 신경 쓰지 않고 '조심하는 것'이다. 자기 일이나 조직 내 지위에 자신이 없다면 더욱더 소문에 얽매이지 말고 자신감을 기르도록 노력해야 한다. 이쯤 되면 근성론의 문제라고 할 수 있다. 온종일 최면을 걸 수도 없는 노릇이니 자신감을 길러야 한다고 이야기할 수밖에 없다.

인간은 답답한 상황에 내몰리면 남의 이야기를 하거나 남을 괴롭히게 된다(동물도 그럴 수 있지만). 내근하는 여사원들이 남 얘기를 좋아하는 것도 그녀들이 일 때문에 밖으로 나올 기회가 거의 없고 이동할 일도 없기 때문이다. 결국 반경 5미터 이내의 일에만 흥미를 보일 수밖에 없는 것이다.

항상 같은 클래스로 움직이는 중학교나 고등학교까지는 왕따가 횡행해도, 한 사람 한 사람 제각각 수업에 출석하는 대학교에서는 왕따 이야기가 거의 들리지 않는 것도 이러한 법칙에 따르기 때문이다. 즉, 남 이야기를 좋아하고 남을 괴롭히기 좋아하는 인간은 답답한 곳에 갇혀 있는 불쌍한 사람이라고 할 수 있다. 스스로에게 자신감이 없기 때문에 타인에게 공격의 화살을 돌려 자기가 표적이 되지 않도록 방어하고 있는 것이다.

이쯤에서 소문을 이용해 신뢰할 수 있는 인간인지 아닌지를 구분하는 방법을 한 가지 알려주겠다. 당신의 '극비 정보(사실은 밖으로 흘려도 괜찮은 것)' 세 가지를 신뢰할 수 있다고 생각하는 세 사람에게 제각각 흘리는 것이다. 절대 입 밖으로 내지 않는다는 조건으로. 그리고 어떤 소문이 퍼지는지 살펴보는 것이다. 그러면 신용할 수 있는 인간과 그렇지 않은 인간을 파악할 수 있다.

이는 실제로 스파이를 색출하는 대표적인 수법의 하나라고 하는

데, 우리도 쉽게 사용하고 그 효과를 볼 수 있다. 남 이야기를 좋아하는 인간은 의외로 멍청해서 쉽게 방심하기 때문이다. 그런 인간은 이용 가치가 있을 때까지 이용하고 불필요해지면 치워버려야 한다! 속이 후련해질 것이다.

"남 이야기를 좋아하는 사람은
비좁은 곳에 갇힌 불쌍한 인간이라고 생각하라."

핵심을 노리는 여자는
일발 역전의 비법을 사용한다

"나보다 잘난 사람은 모두 이용해야 한다. 나보다 잘난 사람을 내 생각대로 움직이게 하는 것이 사업을 성공으로 이끄는 비결이다."

– 고토 게타, 도큐그룹 창업자

사람은 모름지기 활용해야 하는 법이다. 비즈니스를 하다 보면 타인의 힘을 빌리고 싶을 때가 반드시 생긴다. 연고가 없는 회사나 사람을 소개받고 싶을 때, 정보를 원할 때 등등 많은 사람들이 자기 회사나 다른 회사의 높은 사람에게 청탁을 하고 싶었던 경험을 갖고 있을 것이다.

그럴 때 자기보다 힘이 있는 사람, 지위가 높은 사람을 얼마나 잘 활용할 수 있을 것인가, 하는 것도 중요한 실력의 하나다. 상대가 남자든 여자든 가능하다 싶으면 철저하게 이용해야 한다. 상대에게 알랑거리는 일도 주저하지 않아야 한다. 나는 그렇게 성공한 사람을 적잖이 봐왔다.

여자는 이런 점에 있어서 선천적으로 뛰어나다. 여자의 특권은 갑자기 핵심으로 들어가는 것이다. 미인계를 쓴다는 의미가 아니다. 젊음이나 미소만으로도 충분히 높은 사람의 귀여움을 받을 수 있다는 것이다. 여자만이 쓸 수 있는 일발 역전의 비법이라고 할 수 있다. 남자의 경우 임원이나 이사, 사장과는 평생 명함을 교환하지 못할지도 모르지만, 여자는 그럴 기회가 있다.

이를 뒤집어 생각하면, 여자는 결국 아웃사이더인지도 모른다. 예외도 있겠지만, 사회 대부분의 분야에서 제일선에 서 있는 여자는 아직 소수에 불과하다. 실제로 모임에 나가면 여자는 나밖에 없는 경우도 드물지 않다.

지금의 일본에는 여자이기 때문에 생기는 핸디캡과 리스크가 분명 존재한다. 성희롱도 심심찮게 벌어진다. 여전히 봉건적인 사회인 것이다. 하지만 그것을 역이용하는 것도 여자의 힘이다. 물론 모처럼의 기회를 살리지 못하고 '그냥 그런 여자'로 끝나는 이들도 많다. 남자들만 있는 가운데, 높은 사람이 말을 걸기만 해도 위축되어 제대로 대응하지 못하는 것이다. 그러면 금세 잊힐 뿐이다.

그럼 어떻게 하면 좋을까? 먼저 자신의 개성을 발휘해 기회를 만들어야 한다. 상대방에게 자기를 정확히 인지시켰다면 누구와도 대등하게 이야기할 수 있어야 한다. 비굴하지 않지만, 동시에 오만하지도 않은 태도를 취해야 한다.

하지만 이것이 의외로 어렵다. 과잉 반응한 나머지 건방지게 구는 이는 많지만, 적당하게 당당할 수 있는 이는 생각보다 적다.

자기보다 훨씬 지위가 높고 나이도 많은 사람에게 첫 만남에서 뭔가를 부탁하는 것이 실례라고 생각한다면, 기브 앤 테이크의 관계를 만드는 것도 한 가지 방법이다. 높은 사람에게 가르쳐줄 게 뭐가 있겠냐고 생각할지도 모르지만, 휴대폰 문자나 컴퓨터 사용법 등 조금만 생각해 보면 방법은 얼마든지 있다. 내 지인 중에는 사장님에게 스마트폰 사용법을 가르쳐준다는 구실로 언제라도 사장실에 출입할 수 있는 사이가 된 사람도 있다. 가르칠 게 없다면 공통의 취미를 계기로 삼을 수도 있다.

내 특기는 누군가와 재회했을 때 이전에 만났던 기억이 선명하게 되살아나는 것이다. 나는 10년 만에 누군가를 다시 만나도 예전에 나눴던 이야기, 그 사람의 취미, 그때 입었던 옷이 전부 되살아난다. 그래서 젊었을 때는 종종 "클럽 마담이 되면 어때?"라는 말을 듣곤 했다. 사람에 대한 호불호가 심해서 "그건 무리일 것 같아요"

라고 정중히 거절을 했지만.

　남자든 여자든 사소한 계기를 통해 거물과 언제라도 만날 수 있는 사이가 되는 멋진 기술을 갖는 것도 성공의 조건이라고 나는 생각한다.

"상대가 아무리 거물이라도 비굴해지지 않는 태도를 길러라."

일류 경영자는 무능한 인간을 내쫓는 '알기 쉬운 인사'를 단행한다

"차이를 만드는 것은 극단적일 때 비로소 의미가 있다. 유능한 사람은 소중히 해야 하고, 무능한 인간은 배제해야 한다. 격렬한 차이를 만들었을 때 진짜 스타가 탄생한다. 그리고 그런 스타가 훌륭한 비즈니스를 구축한다."

– 잭 웰치, GE 전 회장

'체육 계열'로 불리는 사원이 직장에는 몇 명씩 있다. 대학에서 과외 활동으로 운동을 했던 경험을 가진 사원들도 많다. 이런 이들을 깔보면서 "저 녀석은 체육 계열이라서(뭘 몰라)"라는 식으로 비하하는 사람도 있지만, 오히려 대부분의 기업은 체육 계열 출신을 소중히 여긴다.

체육 계열은 성가시다고? 오히려 개인적으로 나는 격투기 선수나 마초를 좋아한다. 특히 체육 계열은 큰 강점을 갖고 있다고 생각한다.

그들은 '성공 체험'을 몸으로 터득하고 있다. 이른 아침부터 밤늦게까지 스포츠에 몰두했던 적이 있는 인간은 승부의 패턴이 몸에 주입되어 있다. 어떤 스포츠라도 흐름을 탔을 때와 쫓기고 있을 때가 있다. 그 밀고 당기기, 형세를 바꾸는 기술을 몸으로 터득하고 있는 것이다. 어떤 곤경에 처해도 다시 역전할 수 있으며, 곤경에서 벗어날 수 있다는 것을 몸으로 체득하고 있는 것이다.

또 하나, 체육 계열은 팀으로 일하는 게 무엇인지 잘 알고 있다. 팀은 경쟁하면서도 서로 힘을 보완하는 집단이다. 설사 수영이나 육상 경기 같은 개인 종목이라도 시합에 출장할 수 있는 선수에는 한계가 있다. 따라서 선수들은 서로를 이기기 위해 경합하지만, 같은 팀 선수끼리 서로의 노하우를 가르쳐주기도 한다. 경쟁하면서도 서로를 높이는 것이 바로 팀인 것이다.

스포츠는 1등을 위해 서로 경쟁한다는 점에서 인생과 비슷하다. 스포츠를 통해 경쟁하는 것을 몸으로 터득한 인간은 자기보다 실력 있는 이를 꿰뚫어보는 기술도 갖고 있다. 겸허해져야 할 때와 리드해야 할 때를 구별할 수도 있다.

인생에서 성공하기 위해서는 유능한 선수를 모아 팀을 만들 수 있어야 하고, 팀을 이뤘으면 힘을 발휘해야 한다. 살살거리는 데 능한 아첨꾼이나 오랫동안 오직 한 가지 포스트에 매달려 있었던 현장 관리자 같은 여러 인간이 뒤섞여 있는 옥석 가운데서 진짜 유능한 선수를 구별할 필요가 있다. 무엇보다 성공을 위해서는 유능한 인간을 발탁하고 무능한 인간을 당장 쫓아버려야 한다. 누구나 알기 쉽게 보답함으로써 조직의 사기를 높여야 한다.

단, '대물'을 낚으려면 먼저 수많은 '잡어'들을 만나야 한다. 어려운 것은 대물과 잡어가 혼재해 있다는 것. 또한 잡어라고 생각했는데 시간이 지나자 대물로 커 있는 경우도 종종 있다.

대물인지 잡어인지를 파악하려면 서로 경쟁시켜 균등한 기회를 주는 것이 좋다. 성공하고 싶다면 '경쟁시키는 방법'도 알 필요가 있다.

"유능한 인간을 발탁하고 무능한 인간을 쫓아버려라."

일류 지도자는 사이가 나쁜 사람들끼리
자기를 위해 경쟁하게 만든다

아이들은 『스탠 바이 미』나 『15소년 표류기』, 『도라에몽』처럼 소년들이 무리지어 모험하는 이야기를 좋아한다.

이런 책을 보면 리더 격인 아이, 개구쟁이 짓을 하는 아이, 통통하고 발이 느린 아이, 몸이 날쌘 아이 등등 다양한 캐릭터의 소년들이 등장한다. 실제로 초등학생 시절을 되돌아보면 한 친구 한 친구가 자기만의 캐릭터를 가지고 있고, 잘하는 분야와 못하는 분야가 확실했던 것 같다. 아이들은 이처럼 개성과 외모가 다른 주인공들이 서로서로 협력해서 위기를 극복하는 스토리에 리얼리티를 느끼고 재밌어 한다.

그런데 개성을 자랑하던 아이들은 중학교, 고등학교, 대학교를 거쳐 사회인으로 성장하며 선별되는 과정 속에서 모두 비슷하게 변해 간다. 집단 속에서 부대끼는 사이에 둥글둥글 원만해지고, 무난한 캐릭터가 되어 간다. 정말 씁쓸한 이야기가 아닐 수 없다. 한 회사나 집단에서 같은 일을 하는 어른들끼리 "좋은 게 좋은 거지"로 흐르기 쉬운 것은 비슷비슷한 인간이 되었기 때문이다.

그러나 급성장하는 조직을 만들기 위해서는 자기만의 신념이나 자기만의 방식을 두고 다투는 집단이 될 필요가 있다. 어린 시절 좋아했던 모험 이야기처럼, 각자 강한 개성을 발휘해 서로를 높여주는 환경이 필요하다는 뜻이다.

그런 팀은 설사 자주 부딪쳐도, 목표가 명확하면 폭발적인 힘을 발휘할 수 있다. 나머지는 리더가 팀을 얼마나 잘 조정하느냐에 달려 있다. 반대로 익숙하지 않은 캐릭터를 수용하지 않는 조직, 미적지근한 분위기를 타파하지 못하는 조직은 성공할 수 없다.

그리고 무엇보다 중요한 것이 있다. 이기기 위해서는 과거에 이긴 적이 있고, 승리의 미주를 맛본 적이 있는 이들을 몇 명 골라야 한다는 것이다. 그들이 꼭 사이가 좋을 필요는 없다. 오히려 서로 경쟁하게 만드는 게 더 효과적이다. 모든 것은 당신을 위해서다. 목적은 당연히 이기기 위해서다.

"선수들끼리 사이가 나빠도 각자가 임무를 달성하기 위해 경쟁한다면, 좋은 팀워크를 완성할 수 있다."

- 미하라 오사무, 전 프로 야구 감독

그러고 보니 나에게도 '전우'와의 괴로운 추억이 있다. 한류 스타 장동건의 연기가 돋보이는 한국 영화 〈친구〉를 본 적이 있는가? 어린 시절부터 함께 자란 네 명의 남자들 사이의 갈등을 그린 이야기인데, 내가 한 회사의 구조 조정에 투입됐을 때, 바로 이 영화 같은 상황이 회사에서 벌어졌던 것이다.

처음에는 나와 동료들 모두 사이가 좋았다. 하지만 반목하고 파벌 투쟁이 일어나면서 결국에는 모두 절교하고 결별을 하고 말았다.

그렇다면 회사는 어떻게 되었을까? 회사는 흑자로 돌아섰고 끝이 좋으면 다 좋다는 결말을 맞았다. 물론 그때의 동료들을 두 번 다시 만날 일은 없게 되었다. 안타깝지만 목적을 달성하기 위해서는 어쩔 수 없는 일이었다. 그 후 그들은 회사를 옮겼다고 한다.

"이기기 위해서는 승리의 미주를 맛본 이들을 모아라."

성공하는 사람은
합법적으로 자기 발바닥을 핥게 만든다

"어른의 싸움은 싸우지 않고 이기는 게 중요합니다."

이것은 야마토코류(大和古流, 일본의 옛 가르침을 계승하는 명문가의 하나-옮긴이)의 전 당주가 한 말이다.

남자는 성공하기 위해 싸운다. 물론 싸운다고 해서 서로 치고받는 싸움은 아니다. 어떻게 머리를 써서 전략을 짤 수 있는지가 중요하다. 때로는 교활하게, 때로는 치사하게 싸워야 한다. 나는 이것도 성공하는 사람의 조건이라고 생각한다.

비정한 인간은 확실하게 "아니요(NO)"라고 말할 수 있다. 아무렇지도 않게 관계를 끊을 수 있다. 최후의 순간에는 그 누구보다 냉정하게 행동할 수 있다. 이는 상대에게 무서운 기억을 심어준다. 이

것이 바로 현대인이 싸우는 방식이다. 신사적으로 행동해서 상대를 완전히 이해시키고 합법적으로 자기 발바닥을 핥게 만드는 것이다.

거친 행동 같은 건 필요 없다. 그저 초대장을 한 장 보내면 된다. 확실히 자기보다 위에 있는 상대를 어느 날 갑자기 당신 사무실로 초대한다고 치자. 상대는 그것만으로도 무언의 뉘앙스를 감지할 것이다. 상대가 거부하면 당신의 패배다. 그러나 당신도 초대하는 입장에서 상대가 이를 거부하기 어려운 상황을 만들어야 한다. 혹은 다음과 같은 강렬한 한마디를 상대에게 던지면 된다.

"곤란한 일이 생겼습니다."

"당신은 앞으로 이 세계에서 몇 년을 해 나갈 생각이십니까?"

물론 원한을 살 것이다. 하지만 당신이 승부를 하고 있다는 사실을 잊지 말아야 한다. 복수를 두려워해서는 상대를 이길 수 없다.

**"어른의 싸움에서는 무언의 뉘앙스를 전달하는
'강렬한 말'을 사용하라."**

카리스마는 패자가 되어도
상대를 압도한다

"TV? 시시하긴. 난 그런 곳에서 승부 안 해."

무대에 서는 어느 여배우가 이렇게 말한 적이 있다. 또 내가 신세를 지고 있는 분이 다음과 같은 싸움의 방법을 가르쳐준 적이 있다.

"화낼 때는 조용하게 해. 그편이 더 무서우니까."

이쯤에서 쇼와 천황이 맥아더 장군을 방문했을 때의 일화를 소개해 보자. 이때 최종적으로 승리를 거머쥔 것은 누구였을까?

때는 일본이 제2차 세계대전에서 패배하고 얼마 되지 않았을 무렵이었다. 일본에 온 지 얼마 안 된 맥아더는 한 번도 천황을 만난적이 없었다. 미국 측은 천황을 전범으로 소추해야 한다고 생각했고, 당연히 처형까지 해야 한다고 생각하는 사람도 있었다.

하지만 결과적으로 맥아더는 미국 정부에 천황을 소추하면 안된다고 주장했다. 맥아더는 왜 적인 '친왕'을 지키는 편에 선 것일까? 다양한 요인이 복잡하게 얽혀 있겠지만, 적어도 맥아더는 쇼와 천황과의 회견에 대해 이렇게 쓰고 있다.

'큰 감동이 나를 뒤흔들었다. 죽음을 의미할 정도의 책임을 떠맡으려고 하는, 이 용기 있는 태도가 나를 뼛속까지 감동시켰다. …… 내 눈앞에 있는 사람은 한 인간으로서 일본 최고의 신사임을 알 수 있었다.'

맥아더를 '뼛속까지 감동시킨' 천황의 발언에 대해서는 주장이 분분하니 여기서는 언급하지 않겠다. 다만 패군의 장수가 승자와 나눈 대화가 한 나라의 운명을 크게 바꿨다는 것만큼 틀림없는 사실이다. 자신의 처형을 결정하는 데 있어 중대한 영향력을 가진 인물을 앞에 두고 천황은 뭔가를 말했고, 상대의 마음을 완전히 사로잡았다.

그렇다. 발밑에 넙죽 엎드리게 만들 생각으로 천황을 부른 맥아더는 보기 좋게 쇼와 천황에게 굴복하고 말았던 것이다.

당신도 못할 건 없다. 중요한 것은 어떤 때라도 자기 자신을 '패자'로 생각하지 말아야 한다는 것이다. 어른의 싸움은 칼을 뽑지 않고, 싸우지 않고 이기는 것이다.

성공하는 사람은 언제나 사람들 사이에서 밖으로 튀어나온다.

‘모난 돌이 정 맞는다’고 하지만, ‘지나치게 모난 돌은 때리기 힘들다’고도 한다. 물론 ‘지나치게 모난 돌은 알아서 쓰러진다’는 말도 있다.

성공하는 사람과 범인의 차이는 ‘때리기 힘든가’, 아니면 ‘쓰러지는가’에 있다.

"어떤 때라도 자기를 '패자'로 생각하지 말라."

거물은 '고독을 달래는
자기만의 방식'을 갖고 있다

내가 아는 성공한 사람들은 대개 금욕주의자로 결코 향락적이지 않다. 물론 선두를 질주하다 보면 성공한 사람도 쉬고 싶어진다. 마음을 달래고 싶어진다. 특히 고독을 견딜 수 없을 때가 많다.

그럴 때 여자를 통해 치유 받고자 하는 경우도 있다. 충분히 있을 수 있는 일이다. 술에 빠지는 사람이 있는가 하면 도박에 몰두하는 사람도 있다. 작렬하는 쾌락의 순간에 몸을 맡기고 '성공'의 대가를 지불하는 것이다. 그렇다면 그것도 좋다. 그것 역시 성공을 따라다니는 일종의 '리스크'이니까. 물론 리스크에 진 인간은 결국 '성공한 사람'이라고 할 수 없을 테지만 말이다.

만일 당신이 쉽게 달성할 수 없는 원대한 꿈을 갖고 있고, 그 꿈을 '성공'시키는 것이 인생의 둘도 없는 목적이라면, 당신 나름의 고독을 달래는 방식이 필요하다. 그렇지 않으면 리스크에 짓눌리게 될 가능성이 높다. 성공하는 사람도 두려움을 느낀다. 두렵기 때문에 리스크를 알면서도 저질러버리는 것이다.

나는 성공한 사람이야말로 정말 고독한 존재라고 생각한다. '영웅이 색을 밝힌다'는 것도 이 때문일지 모른다. 물론 '색을 밝히는 자'가 꼭 영웅이라고 할 수는 없지만 말이다. 역사상의 '영웅'뿐만이 아니라 정치, 비즈니스, 예술, 스포츠계에서 이름을 알린 사람 중에도 여성 스캔들로 세간을 떠들썩하게 만드는 이들이 많다. 그때마다 세간에서는 "높은 지위에 있는 사람은 지저분하다"든가 "에너지가 남아돌아서 정력이 좋은 거야"라고 이야기하고는 한다.

정말 그럴까? 물론 에너지가 넘쳐흐르는 것은 확실히 사실일지도 모른다. 정말 천성적으로 '영웅'의 타입이라고밖에 여겨지지 않는 정렬적인 사람도 있기 때문이다. 나도 힘이 넘쳐흘러 하는 일마다 다 잘될 것 같은 '영웅' 타입을 몇 명 만나본 적이 있다.

하지만 성공하는 사람은 전력으로 질주하기 때문에 끝없이 여자를 원하게 된다? '브레이크가 고장 난 폭주 기관차'와 같다? 내 개인적으로 그건 성공하는 사람의 타입이 아니라고 말하고 싶다. '힘이 있기 때문에 폭주'하는 사람이 성공할 리가 없기 때문이다.

"고독을 견디면 '좋아, 해 보자'는 마음을 갖게 된다."

이것은 헤이세이(아키히토 일왕의 재위 기간을 가리키는 1989년 1월 8일부터 2019년 4월 30일까지 –옮긴이) '최고의 빚쟁이'인 고(故) 고지마 노부타카(小島宣隆) 씨의 말이다.

성공하기 위해서 더 중요한 것은 '어떻게 고독과 함께할 것인가?'이다. 거물은 고독을 '관리'하는 기술을 알고 있다.

"성공하면 고독이 기다리고 있다는 것을 명심하라."

성공하는 사람은
반드시 '운명의 5인'을 만난다

앞서 성공하는 사람은 남의 힘에 기대지 않는다고 말했다. 그러나 성공한 사람이기 때문에 반드시 만나게 되는 다섯 종류의 사람도 있다. 도움을 바라지 않아도 결국에는 그 다섯 명이 어떤 힘으로든 뒤에서 지원을 해준다. 그래서 성공하는 사람은 한 사람의 힘으로는 할 수 없는 일을 달성하게 되는 것이다.

사람에게는 '인연의 그물망'이라는 것이 있다. 나와 알고 지내는 경영자 중에도 진정한 파트너를 옆에 두고 있는 경우가 많다. 착각하지 않길 바란다. 경영자가 '고독하지 않다'는 것이 아니다. 경영자는 항상 '고독한 선택'을 계속하는 사람이다. 그러나 그것을 뒤에서 지원하는 사람도 있다는 것이다.

'성공한 사람'에게는 언제나 '성공을 돕는 사람'이 붙는다. 반드시 그렇다고 해도 과언이 아니다. 그렇다면 그 다섯 명은 누구일까?

- 멘토(인생의 스승) – 기회를 주는 사람
- 더 원(운명의 사람) – 용기를 주는 사람
- 소울 메이트(가족) – 치유를 주는 사람
- 가디언(친위대) – 시간을 주는 사람
- 마음이 통하는 친구(진정한 친구) – 운을 가져다 주는 사람

이들이 당신 주위에 '운명의 펜타그램(Pentagram)'을 형성하면 든든한 반석이 만들어지는 것이다. 반대로 이들 중 어느 하나만 부족해도 거기서부터 성공으로 가는 길이 무너질 때가 있다.

앞서 이야기한 대로 성공하는 사람은 불필요한 인간을 굳은 각오로 잘라야 한다. 그 탓에 누군가의 원한을 사는 일도 있다. 하지만 성공하는 사람은 인간이라는 존재를 잘 알고 있다. 즐거움이나 기쁨, 반대로 외로움이나 슬픔도 누구보다 잘 알고 있다. 애절함을 느낄수록 인생의 묘미는 늘어난다. 남자는 그런 식으로 수양을 쌓는 법이다.

그러나 이러한 사실을 잊는 사람은 '성공의 덫'에 빠진다. 정신을 차렸을 때는 이미 중요한 다섯 명도 등을 돌리고 있다. 그의 앞에

더 이상의 영광은 없다. '저 사람은 이미 지나간 사람'으로 취급되고야 만다.

고마운 일이지만, 나도 최근 '살아 있다'에서 '(누군가가) 나를 살리고 있다'고 자연스럽게 느낄 수 있게 되었다. 당신은 결코 깨질 일이 없는, 진짜 '성공한 사람'을 목표로 삼길 바란다.

"다른 사람에게 상처를 주는 괴로움, 인생의 애절함을 기억해서 대장부로서 수양을 쌓아라."

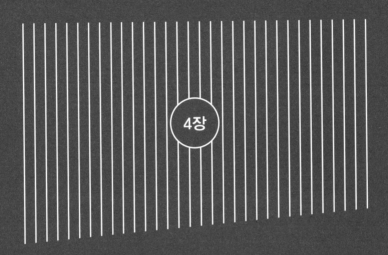

4장

성공하는 남자는 '꿈'을 추구하지 않는다

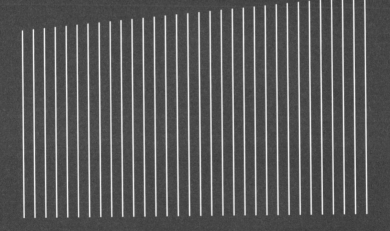

부자는 돈의 움직임을
정확히 파악한다

"이 세상 문제의 70퍼센트는 돈으로 해결할 수 있습니다."

일본 소득 순위 랭킹에도 오른 적 있는 여성 경영자가 이렇게 말하는 것을 들은 적이 있다. 그녀는 부자나 돈벌이를 '악(惡)'으로 파악하는 측에 문제가 있다고 했다.

또 다른 성공한 사람은 '돈으로 살 수 없는 것은 행복과 건강, 그리고 목숨뿐'이라고 단언했다. 물론 성공한 사람 중에서도 '돈이 있어도 외롭다'며 점잔을 빼는 경우가 있지만, 그야말로 부자이기 때문에, 승자이기 때문에 할 수 있는 말일 뿐이다.

혹시 당신이 직장인이라면 한 번 물어보고 싶다. 당신에게는 수중에 움직일 수 있는 돈이 도대체 얼마나 있나? 사업을 하는 사람과 달리, 직장인은 세금이나 건강보험, 연금이 공제된다. 확정신고도 하지 않는다. 그 탓에 지금 자기가 어느 정도 벌고 있고, 어느 정도 써도 되는지를 잘 모르는 사람이 많다.

돈을 원한다면, 일단 현재 당신의 잔고가 얼마나 되는지부터 정확히 파악해야 한다. 독립해서 사업을 시작하는 것도, 주식 투자를 하는 것도 전부 거기서부터 시작된다. 따라서 일단은 통장에 기재된 돈의 움직임을 컴퓨터에 입력해서라도 가계부 정도는 만들어야한다. 가능하면 적어도 과거 1년치 데이터를 토대로 수입과 지출을 추적할 수 있어야 한다.

다음으로 투자를 하는 사람은 투자 효과가 어느 정도인지 작성해 보자. 생명보험에 들었다면 이것도 자산으로 계산에 넣는 것이 필요하다. 부동산이나 자동차를 갖고 있는 사람은 구입액, 월별 유지비, 세금 같은 것들을 전부 확인해야 한다. 이제 남은 것은 빚이다. 대출을 이용하는 사람은 이를 전부 다 계산에 넣어야 한다.

당연한 일 같지만, 여기서 한 번 더 묻겠다. 당신은 돈을 원하는가? 그런데 자기가 얼마를 갖고 있는지도 모르면서 어떻게 돈을 원한다고 할 수 있는 걸까? 이제 이해가 되는가?

당신이 가진 현재 금액과 향후 수년 동안의 수입과 지출의 동향은 미리 확보해야 한다. 그리고 자신의 자산이나 능력으로 돈을 얼마나 빌릴 수 있는지도 알아두는 것이 좋다. 이것도 아주 중요하다.

왜냐하면 '돈을 빌릴 수 있는 힘'이야말로 당신의 신용이 어느 정도 인지를 보여주기 때문이다. 그런 힘이 있는 사람에게 돈은 모이는 법이다.

"돈을 원한다면 대출 가능한 빚이 얼마인지부터 알아두라."

진정으로 성공한 사람은 자기의 노력이 알려지는 것을 부끄럽게 생각한다

성공한 사람은 '노력가'로 불리는 것을 그리 좋아하지 않는다. 대신 '천재'라고 불리기를 선호한다. '노력 같은 건 평범한 사람이 하는 거야!'라는 의식이 머릿속에 있는 듯하다.

그들은 자신의 노력을 보여주지 않기 위해 노력한다. 그래서 평범한 사람들보다 몇 배나 노력하며 밑에서부터 기어올라 왔는데도, 성공한 뒤부터는 '천재'로서의 그럴듯한 모습만 보여주는 훌륭한 기술을 갖고 있다.

나는 아이디어의 천재로 불렸던 한 사람과 일을 한 적이 있었다. 하지만 나는 함께 일을 하며 그가 천재가 아니라는 사실을 알게 되었다. 그는 엄청난 수재였다. 그는 한 가지 일을 위해 어마어마한

분량의 책을 읽고 연구했다. 프레젠테이션이나 기획회의를 앞두고
는 거의 밤을 새웠다. 그렇게 죽기 살기로 노력하며 모두가 납득할
만한 작품을 만들어내고 있었던 것이다.

어느 날 그의 서재를 구경하다가 우연히 책장에서 책 한 권을 빼
내 살펴보았는데, 페이지가 새빨갛게 보일 정도로 빽빽한 메모가
가득 적혀 있었다.

'아, 엄청난 노력가였구나!'

순간, 그를 향한 순수한 존경심이 샘솟았다. 하지만 방대한 공부
를 부러워하며 그간의 노고를 위로하자 순간적으로 귀가 빨개진 그
는 책을 잽싸게 치워버렸다. 그러고는 마치 아무 일도 없었던 것처
럼 행동했다.

노력의 유무를 떠나 성공하기 위해서는 결과가 필요하다. 노력해
서 결과를 내지 못하는 것보다 노력하지 않고 결과를 낸 인간이 몇
배는 더 훌륭하다. 성공하는 인간이라면 모름지기 그렇게 생각해야
한다.

예전에 정재계에 수많은 신봉자를 거느렸던, 저 유명한 마쓰시
타 고노스케마저 기꺼이 사사했던 나카무라 덴푸(中村天風)라는 남
다른 능력의 소유자가 있었다. '덴푸회(天風会)'를 창설한 그는 특히
서예가 사이에서도 극찬을 받을 정도로 뛰어난 명필을 자랑했다.
그런데 원래 그는 악필이라 매일매일 수천 자의 글자를 쓰며 연습

을 했다고 한다. 그 누구에게도 이를 말하지 않았기 때문에 그가 세상을 떠난 후에야 그의 노력이 알려졌던 것이다.

성공하고 싶다면 당신은 일에서 결과를 내야 한다. 일은 성과가 중요한 것이고, 성과를 내는 것이 당신의 일이다.

진짜 성공한 사람은 노력하지 않아도 좋을 정도의 지위를 구축한 인간이다. 진짜 성공한 사람은 노력하지 않아도 돈이 자동적으로 들어오는 사람을 의미한다.

나는 지금까지 천재로 불리는 남성을 몇 명 만날 수 있었는데, 그들은 하나같이 보통 사람 이상으로 노력을 하고 있었다. 하지만 그것이 습관화되어 결코 힘들다고 느끼지 않았다. "노력가시네요"라는 말을 들으면 오히려 부끄럽다고 생각해야 한다.

"'노력'을 칭찬 받아도 기뻐하지 말라."

성공하는 사람은 장시간 노동을 계속해도 피곤해 하지 않는다

당연한 이야기이지만, 노동 시간이 길어질수록 육체에는 피로가 쌓이게 된다. 그런데 어느 노동조합의 조사에 의하면, 월간 잔업 시간이 80시간을 넘는 등 노동 시간이 극단적으로 길어지면 지쳤다는 호소만 늘어나는 게 아니라, 반대로 감소하는 경우도 있다고 한다.

한 의사는 이 신기한 현상에 대해 '러너스 하이(Runners' high)'와 비슷한 현상이 우리 몸에서 일어나는 것은 아닌지 추측했다. 마라톤 선수는 어느 순간 피로에 대한 인체의 방어 본능이 작용하면서 '베타 엔돌핀'이라는 마약과 비슷한 물질이 몸에서 배출되어 황홀경에 빠질 때가 있다고 알려져 있는데, 장시간 노동을 하는 사람에게도 비슷한 일이 일어나는 것은 아닌지 추측하는 것이다.

여기서부터 상상력을 발휘한다면, 누구나 마지못해 일을 하는 게 아닐지도 모른다. 일을 하는 것이 너무나도 즐거운 사람은 무의식 중에 지나칠 정도로 일을 하게 되고, 그 결과 노동 시간이 극단적으로 길어지는 그룹에 들어갈 때가 있는 게 아닐까? 그 사이 러너스 하이 현상이 일어나면서 점점 더 일을 멈출 수 없게 되고, 이로 인해 노동 시간이 극한까지 길어지게 되는 것 말이다.

물론 그중에는 멈추고 싶어도 멈출 수 없는 불행한 이들도 많을 것이다. 이런 사람들은 어지간히 인내심이 강하지 않은 한 땡땡이를 치거나 건강을 해치기 때문에, 극단적으로 오랫동안 일을 할 수는 없을 것이다.

반대로 좋아하는 일을 마음껏 한다면 스트레스도 없고, 극단적인 이야기이지만 과로사할 때까지도 눈치 채지 못할 것이다. 아니, 너무 즐겁다면 과로사 같은 건 하지 않을지도 모른다!

실제로 내가 아는 성공한 사람들은 모두 엄청나게 바빠서 기를 쓰고 일을 하는데도 너무 즐거워하고 쌩쌩하다. 마지못해 일을 하면 스트레스가 점점 쌓이지만, 좋아하는 일을 하는 사람은 스트레스가 없고, 고민이 없고, 망설이지 않는다. 생활에 찌들지도 않는다. 당연히 생활에 찌들지 않기에 언제까지나 젊게 살 수 있다.

그러니 젊었을 때는 어떻게든 철저하게 많은 경험을 쌓아야 한다. 내가 좋아하는 일이 무엇인지 많은 경험을 통해 알아내야 한다.

내가 하라주쿠(原宿)의 보행자 천국에서 로큰롤 가수들과 어울릴 때, 밴드 쿨스(cools, 1975년에 결성된 일본의 전설적 록밴드로 현재도 활동 중이다 -옮긴이)의 리더가 열일곱 살의 어린 내게 이렇게 말한 적이 있다.

"승부를 걸 분야는 자기가 좋아하는 일에서 찾아야 해! 그러니 경험을 쌓는 게 첫 번째야."

> "자기가 뭘 하는지 알고 있고, 또 그 일에 만족하고 있다면 후회 같은 건 절대 하지 않아. 하지만 남들이 말하는 대로 하고 있다면 반드시 후회하는 법이지."
>
> — 신디 크로포드, 톱 모델

승자는 이 사실을 잘 알고 있다. 인생은 어차피 죽을 때까지 하는 소일거리다. 그렇다면 즐겁게 웃는 사람이 승자인 것이다.

"승부할 분야는 자기가 좋아하는 분야에서 골라라."

이기려는 남자는
배우 못지않은 노력으로 외모를 연출한다

사람의 외모 중에서 가장 강력한 무기가 되는 것은 무엇일까? 내 생각에는 '미소'가 아닐까 싶다.

나는 한 컨설턴트와 '성공 철학'에 대해 이야기를 주고받은 적이 있다. 그는 자기 계발서를 수백 권씩 읽어가며 성공 매뉴얼을 스스로 확립한 사람이었는데, 나는 그에게서 '할리우드식으로 미소 짓는 방법'을 배웠다. 그가 말하는 할리우드식 미소란 우선 턱을 바짝 끌어당기고, 상대방과 시선을 맞추고, 한 박자 쉰 후 입꼬리를 자연스럽게 올리고, 치아를 보여주며 싱긋 웃는 방법이다. 그는 그것이 올바른 미소의 순서라고 했다.

실제로 서양의 최고 지도자들은 유달리 '스마일 라인'에 신경 쓰는 듯하다. 서양 경영자의 초상화를 잘 살펴보면 엷은 화장을 하고 있는 것을 볼 수 있다. 그리고 하나같이 미소 띤 얼굴을 하고 있고, 입가에는 하얀 치아가 빛나고 있다. 실제로 바쁜데도 불구하고 치과를 찾아 미백 치료를 받는 이들도 부지기수라고 한다. 최고 지도자라는 사람들은 이렇게까지 눈물 어린 노력을 통해 자신의 외모를 연출하고 있는 것이다.

사람은 상대를 외모로 판단한다. 특히 여성의 경우, 상대에 대한 호불호를 만난 지 0.8초 만에 판단한다고 대뇌생리학자에게 들은 적이 있다. 미국에서 생활할 때, 나 역시 대부분의 일은 '미소'로 커버할 수 있다고 배웠다.

따라서 경기가 나쁠수록 좋은 얼굴을 해야 한다. 물건이 팔리지 않을수록 좋은 옷을 입어야 한다. 왜냐고? 승자는 상대가 자신의 실적이 나쁘다는 걸 알게 되면 자기를 추궁할 것을, 자기의 발목을 잡을 것을 알고 있기 때문이다.

이제 남은 것은 신발이다. 당신은 알고 있나? 일류 호텔은 고객의 신발과 시계, 코트로 고객을 평가한다는 것을. 서양에서는 교섭 상대가 찾아오면 우선 상대의 발을 본다. 그것은 서양에서 상식 중의 상식이다.

유명한 컨설턴트인 그는 손깍지를 끼는 방식, 포즈를 취하는 방식, 치열, 손톱 등등 사소한 몸가짐조차 전부 만점이었다. 행동거지가 우아하고 매너도 제대로 갖추고 있었다. 나와 나란히 걸을 때는 반드시 바깥쪽, 즉 도로 쪽으로 걸었고, 차에 나를 태울 때는 손수 문을 열어주었다. 자리가 하나밖에 없으면 나를 앉히고 자신은 서 있었다. 요컨대 '레이디 퍼스트'가 몸에 배어 있었다. 영화 〈보디가드〉의 케빈 코스트너처럼 말이다. 그런데 내가 엄청난 팬이라고 말하며 그의 다정다감한 면을 칭찬하자, 그가 웃으며 고개를 저었다.

"그렇지 않아요. 아내는 밖에서만 잘한다고 하는걸요."

유감스럽게도 그는 유부남이었다.

"하나만 물어봐도 될까요? 당신은 혹시 성공 철학에 얽매어 있는 건 아닌가요?"

내가 궁금해 묻자 그가 큰 소리로 웃으며 반문했다.

"정말 그렇게 생각하세요?"

성공하기 위해 외모를 갈고닦는 것은 매우 중요한 일이다. 동시에 항상 자신을 '그에 걸맞은 사람'으로 보여줘야 한다. 그렇지 않으면 갈고닦은 외모는 오히려 역효과를 낼 수도 있다.

남성이 자주 사용하는 하드보일드한 말 중 하나로 '미학'이라는 말이 있다. '풍류', '기품', '호기', '의협심', '체면' 등도 그와 같은 부류일 것이다. 하지만 미학은 억지, 완고함, 버티기, 자의식 과잉, 나르시시즘, 독선, 지식 등의 귀찮음도 요구하는, 다소 성가신 것이다.

그럼에도 불구하고 '미학'은 성공한 사람의 강력한 무기다. '미학'을 갖고 있으면 자기 자신의 척도, 축, 행동 기준이 갖춰지기 때문이다.

"외모를 갈고닦았다면 그에 '걸맞은 사람'이 돼라."

거물들은 그들만의 서클에서
일 이야기를 거의 하지 않는다

"가능한 한 낙관적이고 긍정적인 사람들과 교제하는 것이 중
요하다. 그들은 당신의 무한한 잠재 능력을 환기시켜 주는 사
람들이다."

– 로버트 앤서니, 행동심리학자

당신이 최고를 지향한다면 동업자와는 적당히 교제해야 한다.

그보다는 다른 업종에 있으면서 수준 높은 톱클래스에 있는 사
람, 혼내는 사람이 아니라 질타해 주는 사람을 가까이해야 한다. 우
리는 모든 사람과 교제할 수 없다. 따라서 자기를 높여주는 사람을
찾아 교제해야 한다.

같은 업계에 오래 있다 보면 어찌됐든 인맥이 생기게 된다. 10여 분만 이야기해도 공통의 지인을 통해 쉽게 연결이 되는 세상이다. 같이 술을 마시거나 골프를 치다 보면, 쉽게 구할 수 없는 정보를 입수하거나 일을 서로 융통할 수 있게 된다. 이런 것에 유능할수록 그 사람의 평가가 높아지는 경우도 많다. 실제로 "그 녀석은 할 수 있어"라는 말을 듣는 사람을 자세히 관찰하면, 업계의 인맥을 잘 활용하는 것이 비결인 경우가 의외로 많다.

내 경우 편집자와 나눈 이야기가 다음날 다른 출판사에 흘러들어간 경우가 종종 있었다. 당연히 흘려도 좋은 정보라서 괜찮았지만, 어이없는 느낌이 드는 것은 어쩔 수 없었다. 이처럼 동업자일수록 방심하지 말아야 한다. 우리는 좁은 업계에서 일하고 있기 때문이다. 같은 업종뿐만 아니다. 다른 업종에서도 최고의 위치에 있는 사람들은 모두가 그물처럼 이어져 있다. "인맥을 여섯 명만 거슬러 올라가면 만나고 싶은 사람과 이어지는 법이야"라고 했던 경영자도 있었다.

당신은 성공하고 싶은가? 최고가 되고 싶은가? 물론 같은 업계의 인맥을 활용하는 게 쓸데없는 것은 아니다. 하지만 가능하면 그 시간과 에너지를 다른 곳에 쏟았으면 하는 것이 내 개인적인 생각이다.

성공을 위해서는 백해무익한 교제는 삼가는 게 좋지만, 유익한

'만남'은 절대 놓치지 말아야 한다. 나 역시 하루 종일 원고를 쓰며 홀로 보내는 날도 많지만, 문학상 시상식이나 파티에 불려가 100여 명에 가까운 사람들과 명함을 교환하는 날도 있다.

파티 대기실에서 한 게스트에게 들은 말인데, 거물이 될수록 다음날 '만나 달라'는 전화나 메일이 쇄도한단다. 하지만 대부분은 비서가 처리하고, 실제로 만나는 경우는 10퍼센트가 안 되는 정도라는 것이다. 그리고 그 10퍼센트가 안 되는 경우가 바로 뭔가 느낌이 온 사람, 또 일에 도움이 될 사람들이라고 했다.

같은 업계 사람하고만 사이좋게 지내는 사람은 남들이 하는 정도의 일밖에 하지 못하는 법이다.

"업계의 인맥 안에서만 놀지 말 것. 다른 업종으로 진출하라."

성공하는 사람은 아무리 긍정적이어도
항상 최악의 사태를 생각한다

지금까지 함께 일을 한 수많은 이들 중에서 잊을 수 없는 사람이 있다. 그는 항상 만사를 나쁜 쪽으로만 생각했다. 만약 '이 업자가 경쟁 상대의 편에 선다면', '회사의 고위층이 결정적인 순간에 미온적인 태도를 취한다면', '교섭 상대가 거짓말을 하고 있다면' 등등 입만 벌리면 나쁜 상황을 이야기하는 것이었다.

그의 부정적인 태도에 처음에는 어안이 벙벙할 수밖에 없었다. 내가 "일이 잘 마무리될 것 같아요"라고 말하면, 그는 "아니야, 돈은 내 손에 들어와야 비로소 내 돈인 거야. 무슨 일이 일어날지 모른다고"라며 진지한 얼굴로 나를 바라보곤 했다. 하지만 실제로 그가 한 일의 90퍼센트 정도는 최악의 상황으로 치닫지 않았고, 걱정도 기우로 끝이 났다.

그렇다면 과연 이 사람은 소극적인 사람이었던 걸까?

몇 차례 되지 않지만, 그가 한 예언에 가까운 최악의 사태가 현실이 된 적이 있었다. 그러나 신기하게도 평소 귀가 닳도록 듣고 예측한 상황인지라 중요한 사항은 이미 모두 서면으로 해결 방법이 잡혀 있었다. 그에 따른 사전 교섭도 준비돼 있었기에 여유를 갖고 위기를 타파할 수 있었다.

나는 그의 방식이 비즈니스를 하는 데 있어서 꼭 필요한 사고방식이라고 생각한다. 항상 최악의 사태를 생각하고 미리 손을 써두는 것 말이다. 일견 대단히 부정적이고 소극적으로 비춰질지도 모르지만, 나는 오히려 정반대라고 생각한다. 대단히 낙관적이고 적극적인 사고방식이라고 말이다.

긍정적이고 낙관적으로 일을 계속하려면, 위험을 피하기 위한 깊은 주의가 필요하다. 그것이 자신감을 낳는다.

따라서 '일은 나쁜 쪽으로 생각할 것!', '마지막까지 방심하지 말 것!' 이것이 바로 궁극의 '긍정적인 생각'이라고 할 수 있다.

"걱정이 기우에 그쳤다고 해도 끝까지 방심하지 말라."

성공을 지향하는 인간은
자신의 평판을 조절한다

"자신이 상승세에 있을 때일수록 남에게 친절하게 대해야 한다. 하향세일 때 같은 사람과 스쳐 지나가기 때문이다."

– 윌슨 미즈너, 미국 각본가

친절하게 대한다고 화를 내는 사람은 없다. 여력이 있을 때 남에게 은혜를 베풀어야 한다. 인정을 베풀면 반드시 나에게 돌아오는 법이다. 돌고 돌아 결국 나에게 도움이 된다.

성공을 바란다면, 만일의 경우 도움을 받을 만한 사람에게는 미리 손을 써두는 것이 좋다. 이런 방식을 불쾌하게 생각한다면 당신은 성공한 사람이 될 수 없다.

나는 미국에 가면 항상 생각한다. 이 나라는 얼마나 붙임성이 좋은 나라인가! 레스토랑에 들어가면 웨이트리스가 자기 이름을 대며 묻지도 않았는데 줄줄 '오늘의 추천 요리'를 설명한다. 입국 관리원도 일본의 관리원처럼 얼굴을 찌푸리지 않고 재치 있는 농담을 던지곤 한다. 한번은 여권 사진과 나를 번갈아보면서 "머리는 왜 잘 랐어요? 긴 게 더 좋은데"라고 말하는 관리원을 만난 적도 있다.

다민족 국가인 미국에서는 매너를 제대로 갖춰야 한다. 생면부지인 사람과 대면했을 때 붙임성 좋게 행동하는 편이 이득이기 때문이다. 요컨대 살아가기 위한 지혜라고 할 수 있다. 얼마나 서비스를 제공하느냐에 따라 팁이 정해지는 탓도 있지만 말이다.

"NHK 안에서 사원과 마주치면 대걸레질을 하는 사람에게도 인사를 하는 게 좋다. 언젠가 그 사람이 높은 자리에 올라갈지도 모르기 때문이다!"

TV 프로그램에서 다모리 씨가 이렇게 말한 적이 있는데, 이것이 다모리 씨가 빅3로 일컬어지는 이유일 것이다.

예를 들어 "저 사람은 어떤 사람이야?"라고 누군가 물었을 때, 어지간한 경우가 아니라면 일단은 "좋은 사람입니다, 멋진 사람입니다"라고 말하는 것이 좋다. 그와 내가 어디서 어떻게 이어져 있을지 모르기 때문이다. 우선은 험담보다는 칭찬을 하는 편이 무난하다. 남의 험담을 해도 좋은 경우는 거의 없다.

"싫어하는 사람은 사실 없어요. 나랑 뜻이 맞지 않을 뿐이죠."

나에게 이렇게 말한 것은 월수입 600만 엔을 버는 한 사장이었다. 그는 "어떤 상대도 참외, 가지, 호박이라고 생각하면, 아무렇지도 않아요"라고 말한 적도 있다. 채소라니, 과연 독특한 사람이었다.

옛날에 친하게 지냈던 친구 중에 현재 긴자(銀座)에서 마담으로 있는 사람이 있다. 그녀의 말에 따르면 호스티스의 세계에서는 손님이 잠깐 모습을 보이지 않으면 "그 손님에 대해서는 모른다"고 이야기한단다. 그리고 더 이상 손님이 가게에 오지 않게 되면 '과거의 사람', '죽은 사람' 취급을 한다는 것이다. 즉, 어느 경우든 함부로 이야기하지 않는다는 뜻이다.

"나쁜 말일수록 하룻밤에 천 리를 가는 거야. 반대로 좋은 이야기는 좀처럼 전달되지 않는데 말이지."

다른 사람의 평판을 내 스스로 조절할 수 있어야 한다. 자기에게 득이 되도록 먼저 움직여야 한다.

"남의 일은 일단 칭찬해라."

거물은 자기의 논리에 맞춰
사실을 왜곡할 수 있다

"아마 피카소는 그림을 그릴 때 상식적인 공간 배치 능력을 없앴을 것입니다. 그는 이를 의식적으로 행했어요. 그는 자신의 시각 영역을 대단히 능숙하게 조절할 수 있었던 거죠."

– 요로 다케시. 해부학자

성공하는 사람은 능숙하게 자신의 뇌를 조절한다. 경우에 따라서는 '사고 정지'마저 가능하다. 즉, 자신에게 유리한 것만 보고, 듣고, 기억에 남기는 것이다.

옛날에 엔터테인먼트 업계의 사장 두 명과 회식을 한 적이 있다. 한 명은 60세를 넘긴 중진이었고, 또 한 명은 30대의 성공한 젊은 기업가였다. 그런데 중진 사장 쪽은 다소 고지식한 성격이었다. 예를 들어 머리를 염색하는 남자 중에 제대로 된 인간은 없다는 식이었다.

회식 자리의 분위기는 매우 좋았는데 주연은 누가 뭐래도 젊은 사장이었다. 일본의 미래에 대해 정열적으로 이야기하는 그의 모습에 우리는 감동하지 않을 수 없었다. 중진 사장도 모처럼 좋은 젊은이를 만났다고 만족한 모습이었다. 하지만 젊은 사장은 누가 봐도 갈색으로 머리를 염색한 상태였다! 그래서 나는 훗날 중진 사장에게 묻지 않을 수 없었다.

"머리를 염색한 요즘 남자들 중에도 좋은 인재가 있지 않습니까? 그날 그분도 머리를 염색했잖아요."

"무슨 소릴 하는 거야? 그럴 리가 없잖아. 그는 분명히 검은 머리였어. 그런 괜찮은 말을 하는 청년이 머리를 염색했을 리 없지!"

사장의 말에 벌어진 입이 다물어지지 않았다.

'본다'와 '보이다'는 많이 다르다. 인간은 원래 자기가 보려고 의식한 것밖에 보지 못하는 듯하다. 그래서 눈에 가까이 들이대도 본인이 보려고 하지 않으면 뇌가 시야로 받아들이지 않는다. 자기에게 유리하도록 뇌 안에서 인식을 변환시키는 것이다. 중진 사장은 젊은 사장 이야기에 깊이 공감했다. 그래서 뇌가 '갈색 머리'를 인식하지 않았던 것이다.

자신의 이론이 절대적으로 옳다고 확신하는 것이 중요하다. 바로 그렇기 때문에 자신의 성공을 확신할 수 있다. 세상을 멋대로 왜곡해서 뇌가 스스로를 성공한 사람으로 미리 떠받드는 것이다. 이토록 강력하고도 놀라운 기적이 세상에 또 있을까?

자기가 지향하는 '목표'에 이르기 위해서라면 그에 걸맞게 자기를 바꿔가야 한다. 뇌의 움직임이라는 시점에서 볼 때, 성공한 사람은 보통 사람과 다르다. 당신도 스스로 뇌를 그렇게 만들어야 한다.

"'보고 싶은 것만 보는' 능력을 갖춰라."

성공하는 사람은
'운명'을 끌어올 수 있다

성공한 사람에게는 자기만의 정해진 규칙이 많다. 요컨대 '기복(祈福)'이다.

내가 잘 아는 성공한 사람 중에는 행운을 위해 빨간색 속옷만 입는 사람(옆에서 보면 어엿한 신사다)도 있고, 신사(神社)에서 정화한 물만 마시는 사람, 무슨 일이 있어도 걸을 때는 오른발부터 떼는 사람도 있다. 참고로 내 징크스는 불쾌한 일을 당했을 때 입었던 옷은 두 번 다시 걸치지 않는 것이다.

이렇게만 들으면 무척 괴짜처럼 느껴지지만, '성공한 사람'이라는 이유로 이상한 습관이나 버릇도 트레이드 마크가 될 수 있다. 남이 어떻게 생각하든 신경 쓰지 않는 강인함을 가진 사람, 그리고 마이너스를 플러스로 바꿔버리는 에너지를 가진 사람이 '성공한 사람'인 것이다.

나는 한 전각가에게서 다른 업종끼리 교류하는 자리에서 만난 3인의 경영자가 우연히도 자신의 가게에서 도장을 만든 사실을 알고 놀라워했다는 이야기를 들은 적이 있었다. 3인은 제각각 다른 루트를 통해 그 가게를 알았다고 한다. 거기서 도장을 만들면 사업이 잘된다는 입소문을 통해 알게 된 것이다.

그 이야기를 듣고 당시 카피라이터였던 내가 "그건 광고로 치면 엄청나게 높은 확률이네요"라고 말하자, 전각가가 고개를 저으며 이렇게 말했다.

"하지만 이것은 결코 점(占)이 아닙니다. 도장을 새로 판다고 해서 운명이 바뀔 리는 없죠. 도장을 새로 파려는 마음, 그 마음이 운명을 바꾸는 겁니다. 다만 생명보험 도장만은 바꾸면 안 됩니다. 왜냐하면 목숨이 바뀌니까요. 하하하."

'운명'은 바뀌지 않는다고 생각하는 사람이 있다. 하지만 그렇지 않다. 성공한 사람들은 스스로의 '운명'을 바꾸려고 노력한다. 도장을 새로 파려는 마음도 그런 표현이고, 자신감이 넘쳐흐르는 낙관적인 말만 하는 것도 그런 까닭이다.

일기일회(一期一会)라고, 과거에는 입조심이 무척 중요했다. 누군가의 말 한마디를 잘못된 의미로 해석해서 그 사람의 목을 치고 혀를 뽑을 수도 있었다. 말이라는 것은 본래 그렇게 중요한 것이다. 따라서 모두 말을 조심하고 또 조심했다. 하지만 지금은 모두가 술술 어떤 말이든 내뱉는다. 이는 무서운 일이 아닐 수 없다.

성공하는 사람은 부정적인 말을 가급적 입에 올리지 않는다. 패배하는 인간과는 엮이지 않으려 노력한다. 패배하는 사람은 스스로 패배를 선택한다는 걸 알기 때문이다.

성공하는 사람들은 혹독한 상황에서도 아무렇지 않게 거짓말을 할 수 있다. 말의 힘을 알기 때문이다. 그리고 해야 할 말은 반드시 한다. 입을 열자마자 제일 먼저 한다. 중요한 것부터 말하는 것이다.

당신 역시 '운명을 끌어오는 것은 나 자신뿐'이라는 생각으로 매일 변화에 도전해야 한다.

"당신이 현실에 맞추는지, 아니면 현실이 당신에게 맞추는지 확신할 수 있는가?"

– 알렉스 헤일리, 작가

"매일 스스로 변화에 도전하라."

성공에
'꿈'은 필요하지 않다

"꿈은 꿈일 뿐이다. 목표와 꿈은 다른데 착각에 빠진 녀석들이
'꿈을 갖고 살아야지'라며 현실을 복잡하게 만들고 있다."

- 비토 다케시, 영화감독 · 방송인

"꿈을 실현하는 최상의 방책은 꿈에서 깨는 것이다."

- 폴 발레리, 작가

성공하기 위해서 '꿈' 같은 건 필요 없다. 그저 '성공'만을 추구해
야 한다.

요즘 20대는 이직률이 높은데, 그만둔 이유를 물어보면 "꿈을 좇

고 싶다"는 말을 종종 듣는다. 이런 사람은 절대 성공할 수 없다. 현실감이라고는 전혀 없는 이야기만 늘어놓기 때문이다. 실제로 본인의 행동과 '꿈'이 앞뒤가 맞지 않는 경우도 많다. '말과 마음이 따로' 노는 것이다.

대학 시절에 어학을 좀 공부한 이들 중에서 흔히 '번역가가 되고 싶다'는 꿈을 꾸는 경우가 있다. 혼자 자기 재주로 먹고사는 번역가의 이미지가 회사에 지친 이들의 마음을 간질이는 것이다.

나도 번역가를 꿈꾸는 한 젊은 여학생을 알게 되어 물은 적이 있다. 경험은 있는지? 아는 번역가는 있는지? 일의 전망은 어떻게 생각하는지? 결론은 아무것도 없었다. 도대체 무슨 생각을 하고 있는지 알 수가 없었다. 그런 상태로는 수준이 너무 낮은 게 아닐까? 전문적인 교육을 하는 기관을 찾아 공부한 경험도 없으면서 말이다. 혹시 있다면 자기 실력으로는 도저히 무리라는 사실을 깨달았거나, 자신의 적성에는 맞지 않는 일이라는 걸 정확히 깨달을지도 모른다. 진심으로 번역가가 되고 싶다면 그 정도의 시행착오는 겪어야 하는 게 당연한 것 아닐까?

그 여학생이 나름 진지하다는 증거를 보여줬다면 나는 프로 번역가를 소개해주려고 했다. 그러나 사람을 소개하려면 책임이 따른다. 적어도 '실력은 미지수지만 진지하다'는 확신은 갖고 누군가를 소개해야 할 것 아닌가!

자기가 말하는 '목표'가 타인을 움직일 만큼의 설득력이 없다면, 그저 '꿈'으로 끝나게 된다. 꿈은 자면서 꾸는 것이지, 일어났을 때 꾸는 것이 아니다.

　'무모함'은 위험을 동반하므로 그만두는 게 좋다. '야망'은 마음에 강하게 새겨야 한다. '바람'은 자기 전에 우뇌를 압박해야 한다. '희망'은 몰래 빌어야 한다.

　타인은 당신을 위해 당신 편의에 맞춰 쉽게 움직여주지 않는다. 당신은 자신의 '꿈'을 '목표'로 바꿔야 한다. 항상 조금 분발하면 실현할 수 있는 '목표'와 '대욕'인 '꿈'을 갖고 주위 사람들을 끌어들여야 한다.

　'어제의 꿈'을 '오늘의 가능성'으로 바꿔 '내일 실현'시키는 것이다.

"꿈은 자면서 꾸는 것이다. 일어나 있을 때는 꾸지 말라."

성공한 사람에게는
'직접 겪은' 에피소드가 많다

"세상에 직접 해 보지 않고 알 수 있는 건 없어."

– 이쓰키 히로유키, 작가

성공한 사람은 범인과는 비교할 수 없는 기이한 체험을 수없이 한다. 그래서 성공한 사람과 이야기를 나누면 시간 가는 줄도 모르게 재밌다. 미지의 세계를 직접 개척한 사람에게는 나도 모르게 휘말리게 되는 에피소드가 많을 수밖에 없다. 그리고 그 일이 그 사람의 평판을 더욱더 높인다.

내가 만난 특종을 노리는 한 기자는 목표가 있으면 그것을 달성하기 위한 수단을 30개 넘게 생각한다고 했다. 놀라운 것은 생각할

뿐만 아니라 실제로 어떻게든 실행한다는 것이다. 어떤 때는 오전 회의를 마친 후 홋카이도로 날아가 곧장 엄동설한 속에서 실행에 옮기는 것이다.

그러나 우리가 일상에서 나누는 이야기들을 곰곰이 생각해 보면, 정말 자기가 체험한 일을 말하는 경우는 의외로 적다. "탤런트 ○○ 은 가정폭력 때문에 이혼했대", "올해 아카데미상은 ○○가 받았으면 했어", "AI 도입 때문에 많은 실업자가 생길 거야" 같은 말들을 우리는 자주 하고 자주 듣지만, 실제로 이와 같은 일을 보거나 겪은 사람은 거의 없다. 이런 이야기를 잘 알 것 같은 얼굴을 하고 자세히 이야기하는 사람이 있지만, 그 출처는 보통 어젯밤 본 인터넷 뉴스가 전부다. 하지만 그 프로그램은 나도 봤다고!

물론 자기가 체험한 것에만 의지해서 살아가기에 지금의 세상은 너무 복잡하고 변화무쌍하다. 어쩔 수 없이 미디어에 의지해야 하는 상황인 것이다.

그래도 직접 체험하는 것에는 의미가 있다. 쉽게 얻는 정보는 체화되기 어려운 법이다. 성공하고 싶다면 가급적 많은 체험을 해야 한다.

"남의 체험을 자기 것처럼 말하지 말고 리얼한 자기 체험을 말하라."

거물일수록 남모르는
'콤플렉스의 역사'를 갖고 있다

성공하는 사람은 자신의 결점이나 콤플렉스도 플러스로 바꿀 수 있다. 이를 자신의 개성으로 삼아 오히려 남에게 어필할 수 있는 매력으로 만든다.

올림픽에서 메달을 획득한 선수가 "어린 시절 너무 허약해서 부모님이 수영 학교에 보낸 것이 계기였다"고 이야기하는 경우를 본 적이 있다. 거물 탤런트가 자신이 연극을 시작한 계기를 회상하며 "낯가림이 심한 내성적인 성격을 바꾸기 위해서였다"고 말하는 것을 본 적도 있다.

실제로 내가 만난 성공한 사람들 중에서도 거물일수록 의외로 '콤플렉스의 역사'를 갖고 있는 사람이 많았다. 할리우드 스타 톰

크루즈는 난독증을 앓았고, 에디 머피는 "나는 흑인이기 때문에 아카데미상을 탈 수 없다"고 공언하기도 했다.

누구나 남에게 말하고 싶지 않은 부분이 있다. 그래서 '사람은 누군가의 모든 면과 교제할 수는 없다'는 것이 내 개인적인 생각이다. 그럼에도 하나만큼은 확신하는데, 성공한 사람은 의외로 콤플렉스 덩어리라는 사실이다!

어떤 부조리한 상황을 만나도, 오히려 역경을 계기로 삼아 낙관적으로 생각할 수 있어야 성공할 수 있다.

"콤플렉스를 계기로 삼아 낙관적으로 살아라."

승자는 '인생철학'이 '자기중심'의 다른 말임을 알고 있다

"정치, 예술, 종교는 물론이고 마약까지도 끝까지 가면 다 같은 무대야. 끝까지 파고들면 모두 똑같은 거야."

유럽에서 활동하는 한 뮤지션에게서 이런 말을 들은 적이 있는데, 그때는 이해하지 못했지만 지금은 확실히 그런 것 같다.

세상에서 말하는 '성공한 사람'은 어떤 사람을 말하는 걸까? 일단 물질적인 욕망을 이룬 사람을 말하는 경우가 많을 것이다. 높은 지위를 얻고, 명예를 얻고, 막대한 돈을 얻는 사람 말이다.

하지만 사람에게는 물질적 욕망뿐만 아니라 비물질적인 욕망도 있다. 즉, '물건을 원하지 않는 욕망'이라는 것도 있다. 특히 종교인은 물질을 원하지 않는다는 태도를 취한다. 스님이 되려는 사람들은 "나는 세속적인 욕망이나 돈에 집착하지 않습니다"라고 말하며 출가한다.

하지만 종교인이 모두 물질적인 욕망을 버릴 수 있는가에 대해서는 의심스럽다. 부처님은 "스님은 소박한 옷을 걸치라"고 가르쳤지만, 일본 스님의 가사는 상당히 호화롭고 지위에 따라 모양이나 색상이 다르다.

내가 알고 있는 스님 한 분은 스트레스를 풀기 위해 종종 게임 센터를 찾는다. 그런데 스님이 좋아하는 게임이 하필이면 '모두 죽이기 게임'이다. 스님은 처음에는 조심스러운 태도로 게임을 하지만 흥분하면 결국 "죽어, 죽어, 전부 죽어!"라고 외치며 게임을 한다. 다른 사람의 눈에는 그리 좋지 않겠지만…… 나는 그리 나쁘지 않다고 생각한다.

승자는 때로 청탁병탄(淸濁倂呑, 도량이 커서 선인이나 악인을 가리지 않고 널리 포용함 - 옮긴이)할 수 있기 때문이다. 술, 담배, 여자 모두 안 하고 100세까지 인생을 산 바보가 있다며 웃던 고승이 있었다. 어느 신흥 종교의 교조는 "이쓰카 씨, 뭔가를 믿는다는 것은 무서운 일입니다"라고 내게 나직이 이야기한 적도 있다.

나는 세상은 좋은 일과 나쁜 일이 균형을 이루고 있다고 생각한다. 따라서 과하지도 부족하지도 않게 일을 마무리하는 것이 중요하다고 생각한다. 무엇보다 인간이라면 물질적인 욕망을 전부 버릴 수 없지 않을까? 그리고 그 욕망에는 본질적으로 '성공'이라는 것이 있다고 말이다.

무엇을 '성공'이라고 할 것인가는 표면적으로는 다양하다. 권력을 지향하는 정치가라면 총리대신이 되고 싶다는 꿈을 꾸며 최고 위직을 노릴 것이다. 의사는 어려운 수술을 성공해 유명해지거나, 논문을 써서 대학 의학부 교수가 되는 권위를 손에 넣으려고 할 것이다.

이것들은 눈에 보여서 알기 쉽지만, 일견 성공이나 권력과 무관해 보이는 종교인 등도 한 꺼풀 벗기면 마찬가지가 아닐까 나는 생각한다. 성공의 형태와 달성하는 방법이 다를 뿐이지 않을까?

결국 인간은 자기중심적인 동물이다. 나도 잘되고, 남도 잘되기를 바라지만, 남보다 조금 더 잘되기를 바라는 게 인간이다. 단, '나만 좋으면 그만'이라는 자기중심주의를 노골적으로 드러내면 타인의 시선에 추해 보이니 그 점을 조심하는 것이다.

그래서 사람은 추함을 커버하는 표현을 사용한다. '기업 이념', '인생철학', '인생관'같은, 표현은 다양하지만 이것들은 모두 자기중심주의를 감싸는 역할을 하고 있다.

"인간은 모두 자기중심적인 동물임을 이해하라."

성공하는 남자는
인생을 '동화'로 만들지 않는다

"성공은 항상 성공을 초래한 행동을 진부하게 만든다. 새로운 현실, 새로운 문제를 만들어낸다. '이리하여 행복하게 살았습니다'라며 마무리되는 것은 동화뿐이다."

– 피터 드러커, 경영학자

내 나라라는 사실을 별개로 쳐도, 일본은 세계에서 유례가 드문 성공을 거둔 나라다. 사람으로 치면 '성공한 사람'인 셈이다.

일본은 제2차 세계대전의 폐허에서 불과 30년 만에 세계 2위의 경제 대국이 되었다. 그 사이 전란도 없었다. 치안도 좋고, 세계 제일의 장수 국가를 자랑한다. 이렇게 단기간에 번영을 이룬 나라는 거의 없다고 해도 무방하다. 하지만 이제는 모두 '옛날 일'에 불과하다.

전후 일본의 기적은 어떻게 일어난 것일까? 전 세계 여러 학자들이 이에 대해 군사비를 줄여 산업에 투자하고, 근면하고 우수하고 저렴한 노동력을 다수 보유하고, 나름 청렴한 정부가 지도력을 발휘하고, 국내와 식민지에 의지하지 않고 저렴한 천연자원을 전 세계로부터 수입할 수 있었던 점 등등의 다양한 의견을 내놓았다.

분명히 다 맞는 말일 것이다. 그러나 확실히 오르막길이 끝나고, 현재의 일본은 계속해서 하락의 길을 걷고 있다. 과거의 영광이 어느새 동화 속 이야기가 된 것이다.

이처럼 승자의 영광은 금세 과거가 될 수 있다. 그렇다면 계속 이기려면 어떻게 해야 할까? 계속 변화해야 한다. 최후에 웃는 자는 "성공해서 좋았었지"라며 과거를 이야기하지 않는다. 인생을 '동화'로 만들지 않는 사람만이 승리를 이어갈 수 있다.

"과거의 성공은 잊고 계속 변화를 추구하라."

사랑스러우면서도 비정한 남자는
'금욕적인 태도'를 갖고 있다

2003년 나는 이혼한 지 얼마 안 돼 유럽으로 이주할 생각이었다. 흥미 위주의 수기 집필 의뢰가 곳곳에서 날아들 때였는데, 유일하게 나 자신이 좋아하는 것을 쓰라고 조언한 출판 프로듀서가 있었다.

"이쓰카 씨는 작가가 될 수 있는 사람입니다. 세상 사람들이 뭐라고 하든 운명을 같이한다는 마음으로 해 봅시다."

그리고 그는 내게 이렇게도 말했다.

"당신은 해외에서도 살아갈 수 있는 여성처럼 보이지만, 평범한 떠돌이가 되기엔 너무 아까워요."

당시 나는 주위로부터 거듭되는 거짓말과 배신, 분별없는 중상모략에 완전히 질려서 방에 틀어박힌 채 불면에 시달리고 있었다. 인간 불신에 빠져 세상 사람들이 다 싫었다. 그럴 때 그와 함께 간 한 가라오케 업소에서 나는 비로소 어두운 방으로부터 탈출할 수 있었다. 그곳에서는 우는 아이도 울음을 그칠 법한 성공한 사람들이 사이좋게 노래를 부르고 있었다.

"그렇게 긴장하지 않아도 돼요, 우리는 밴드니까."

그중의 한 명이 친절하게 이야기했는데, 알고 보니 그들은 대학 시절부터 함께한 아르헨티나 탱고 밴드의 멤버들이었다. 그는 반도네온(아르헨티나 탱고에 사용하는 손풍금 –옮긴이) 담당이었다. 탱고 연주자 아스토르 피아소야(Astor Piazzolla)를 좋아하던 나는 스무 살 무렵 뉴욕 퀸시 존스에서 활동하던 백밴드 멤버 집에서 홈스테이를 했을 때의 일을 떠올리며 금세 마음을 터놓게 되었다.

"밴드 맨……."

이 얼마나 따뜻한 말인가. 그 말이 나를 구원했다. 그 후, 나는 마치 그때까지 멈춰 있던 시간을 되돌리듯이 정력적으로 사람들을 만나고 책을 썼다.

그리고 어느 날 나는 출판 프로듀서에게 세 가지 소원이 있다고 털어놓았다. 첫째는 앞으로도 일하는 데 있어서 나를 응원해 주길 바란다는 것이었다.

"물론이지."

그가 흔쾌히 고개를 끄덕였다. 둘째는 나에게 도움이 되고 인생의 단계를 높여줄 사람을 소개해 달라는 것이었다.

"좋아."

그가 이번에도 웃으며 고개를 끄덕였다. 그리고 마지막으로 나는 그에게 호의가 있음을 고백했다. 그러자 그가 갑자기 무거운 표정으로 나를 보며 말했다.

"그 말은 안 들은 걸로 해두지. 당신은 작가가 될 사람이니까. 나는 그냥 편집자로 있어도 좋지 않겠어?"

알았다고, 흥! 나는 그에게 차이고 홧김에 영화 속의 록키 발보아가 펀치 볼을 두드리듯이 원고를 썼다. 그리고 그와 만나지 못하는 만큼, 업계의 극비 정보를 알게 되면 마치 전서구처럼 제일 먼저 그에게 전화했다.

"덕분에 살았어. 고마워."

그는 이에 보답하듯이, 내가 흥미로워하는 일이나 좋아하는 사람이 있으면 시간을 내서 만나러 와 주었다. 그리고 그는 종종 나에게 이렇게 말했다.

"이제부터가 중요한 시기야."

반년 후, 무사히 데뷔작이 발매되고 우리는 오랜만에 재회를 할 수 있었다. 하지만 마치 전차의 연결 차량이 덜컹, 하고 어긋나듯이, 어느새 우리의 관계는 어딘가 약간 멀어지고 달라져 있었다.

"제가 틀렸을지도 모르지만, 출판은 작은 비즈니스라도 어쩐지 대단히 큰일인 것처럼 느껴져요. 그래서 죽을 각오로 열심히 해 보려고 합니다."

"그런 말을 들을 수 있다니 저도 기쁩니다. 전보다 밝아져서 다행이에요."

인생의 밑바닥을 헤매던 내게 홀로 살아갈 자신감을 주고 날개를 달아준 것은, 다른 누구도 아닌 그와 그의 멋진 동료들이었다.

사랑스러우면서도 비정한 남자는 금욕적인 태도를 갖고 있다. 자기 생각을 함부로 말하지 않는다는 것, 절도가 있다는 것도 '비정'한 것이다.

"금욕적인 태도를 가진, '마음이 따뜻한 비정함'을 지향하라."

나오며

2005년 1월 12일, 앞서 이야기한 출판 프로듀서가 암으로 세상을 떠났다. 그는 나를 작가로 만들어준 은인이었다.

그가 떠나던 날은 어쩐지 잠이 오지 않았는데, 아침나절에 전화가 왔다. 호출음이 평소와는 다르게 들렸고 나는 무슨 전화인지 직감했다. 아이러니하게도 그날 오후에는 난생처음으로 혼자 강연회를 진행할 예정이었다.

"이제부터 그와 친했던 사람에게 전화를 할 테니까 먼저 가 있을래?"

나는 그를 잘 아는 어시스턴트에게 먼저 소식을 알렸다. 그의 병세를 알고 있었지만 입이 무거운 편인지라 주위에는 말하지 않은 상태였다. 그렇게 전화를 마무리할 때쯤 무시무시한 말이 내 입에서 나왔다.

"그만 울어. 그리고 오늘은 제대로 일할 거야. 좀 더 비정해져야지!"

몇 시간 뒤 무사히 강연회가 끝나고, 그때까지 만면에 미소를 띠고 있던 나는 대기실로 돌아와서 처음으로 눈물을 흘렸다.

"역부족이었어."

내가 어깨를 축 늘어뜨리자, 어시스턴트가 우는 와중에도 나를 위로했다.

"데뷔 1년 차에 다섯 권이나 썼잖아요? 잘한 거예요."

"베스트셀러가 나와야지."

조금이라도 빨리 인기를 얻어서 그 사람에게 프로로 인정받고 싶었던 것이다.

다음 날부터 부모님과의 해외 일정이 잡혀 있던 나는 결국 상갓집에도 가지 못하고 고별식에도 참석하지 못했다. 일본 시간으로 장례식이 치러질 그 시간, 나는 명복을 비는 마음을 담아 하와이의 산 위에서 천체망원경을 들여다보며 달의 분화구와 토성의 고리를 보았다. 오랜만에 세스나를 타고 킬라우에아 화산을 구경했고, 호놀룰루에서는 배를 타고 고래 떼를 봤다. 연일 대자연 속에서 내 영혼을 치유하는 동안에도 내내 마음속에 그가 있었다. 그러고 보니

'만남 여행 작가'라는 명함을 만들어준 것도 그였다. 그가 세상을 떠나기 1년 전, 내가 아프리카에서 귀국했을 때였다.

그는 평생 내 마음에 살아 있을 것이다…… 라는 말을 차마 못하겠다. 너무나 '비정'한 최고의 '거짓말' 같으니까.

얼마 후 초겨울 찬바람이 휘몰아치는 아오야마의 한 카페테라스에서, 그의 디자이너 친구와 차를 마셨다.

"그 이후로 계속 애도하는 중이에요. 조용히 살고 있어요. 밤에 놀러나가는 일도 전혀 없고 술도 줄었습니다. 작가로서 앞으로 어떻게 해야 할지도 좀 고민입니다. 이제 상담할 사람도 없고……."

내가 힘없이 이야기하자 그의 친구가 놀란 얼굴로 나를 질타했다.

"무슨 소릴 하는 거야? 그랬다간 그 녀석한테 혼나. 일단 작가로서 첫발을 내딛었으면 희로애락이든 마음의 상처든 전부 써야지. 그래야 그 녀석도 기뻐할 거야."

그 후 나는 출판하기를 주저하던 이 책을 단숨에 완성했다. 애절함의 행방을 좇다가 크게 방향을 돌린 내 마음에는 이제 아무런 망설임도 없다. 조금은 강해진 것일지도 모르겠다.

성공한 남자는 모두 비정했었다

초판 1쇄 인쇄 2019년 9월 1일
초판 1쇄 발행 2019년 9월 10일

지은이 | 쓰게 이쓰카
옮긴이 | 채숙향
펴낸이 | 윤희육
편집 | 신현대
디자인 | 김윤남
마케팅 | 석철호

펴낸곳 | 창심소
등록번호 | 제2017-000039호
주소 | 경기도 파주시 문발로 405(신촌동) 307호
전화 | 070-8818-5910
팩스 | 0505-999-5910
메일 | changsimso@naver.com

ISBN 979-11-965520-8-4 03320

이 도서의 국립중앙도서관 출판예정도서목록(CIP)은 서지정보유통지원시스템 홈페이지
(http://seoji.nl.go.kr)와 국가자료공동목록시스템(http://www.nl.go.kr/kolisnet)에서
이용하실 수 있습니다. (CIP제어번호: CIP2019028153)